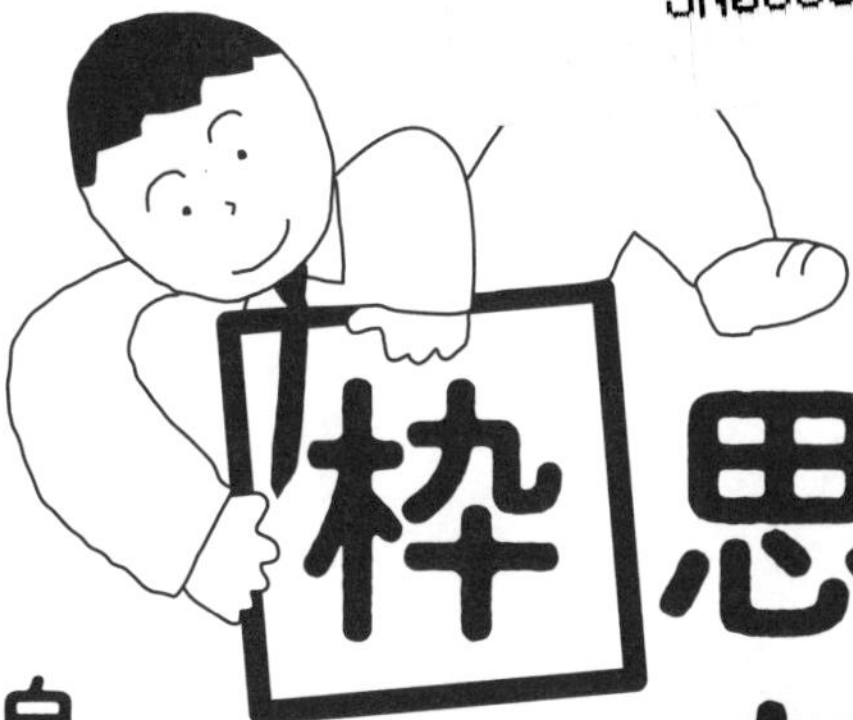

思考の枠を超える

自分の「思い込み」の外にある
「アイデア」を見つける方法

篠原 信

日本実業出版社

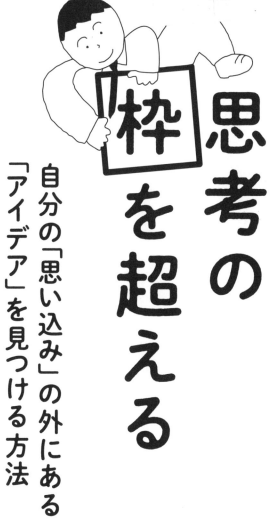

はじめに

「とっさにリアクションできなかった」「意外すぎて反応できなかった」という経験は、日常でもよく起こることだ。次の展開はたぶんこうだろう、という「つもり」があるときに、想定とは違うことが起こると、私たちは戸惑う。とっさに何が起きたのか理解が追いつかず、どう反応したものか、パニックに陥る。

上司や顧客から予想外の質問を受けたとき。

妻や夫から意外な反応をされたとき。

子どもが言うことを聞いてくれないとき。

私たちは、次の瞬間にどうすべきか分からなくなり、混乱してしまう。

これは味覚などの五感でも起きることらしい。見た目で甘そうと思ったらしょうゆ味、辛《から》そうな料理だなと思ったら激甘、そんな想定と違う味だと、本当はおいしくても「まずい」と感じる。

重さもそう。これは重そうだと思ったら、あまりの軽さにすっぽ抜けたり、逆に軽いと思ったら重くて腰を痛めたり。

人間は行動を起こす前にこれから起こるだろうことを無意識に想定し、五感や筋肉、思考をスタンバイさせるらしい。ところが想定と違う事態に陥ると、とっさに対応できなくなる。ちょっとしたパニックに陥り、思考も感覚も体の動きも狂いが生じる。

こうした事前の想定を「思惑《おもわく》」という。この言葉、なかなか含蓄が深い。「想定と違って戸惑う」と読めるからだ。私たちは何かしら行動に移ろうとするとき、思考の「枠組み」を無意識のうちに準備する。そして、その「枠」と違う事態になると戸惑い、まさに「思惑（思ってたんと違う）」という字のとおりになってしまう。

私は融通の利かない不器用な人間として知人の間では有名だった。状況の変化についていけない、つまり「空気が読めない」ものだから、たとえ「思ってたんと違う」

と感じても、当初の予定通りに行動することに決めて、まっしぐら。

私は高校生の頃、赤信号は渡らないと決めていた。高校の正門のすぐそばの交差点。クルマ通りも少なく、ほとんどの生徒は赤信号でも渡っていた。私は、直立不動。みなが横を通りすぎる中、ひとり、直立不動。

部活でのランニングでは、部員はみなクルマが来ないことを確認したら赤信号でも渡ってしまうのに、私ひとり、信号の手前で足踏み。青になったら猛ダッシュで追いつき、また赤信号で足踏み。


そんな融通の利かない人間だったのだが、本心では、柔軟でとっさの判断ができる人に憧れがあった。なぜあの人は、とっさにあんな受け答えができるのだろう？　私は、「思ってたんと違う」事態に陥ると、どうしたら分からなかった。後になって「ああすればよかった」と落ち込むことがたびたびだった。器用な人がうらやましい、私のような不器用者でも少しでも近づくには、マシになるにはどうしたらよいのだろう？　それを、ずっと考え続けてきた。

私のような気の強い不器用タイプとは違って気が弱く、やはり器用には立ち回れずに「すみませんすみません」と繰り返し謝るタイプの不器用な人も多い。そうした人たちもため息をつきながら「なんで自分はこうも不器用なんだろう」と、同様の思いを抱いているのだろう。

そんな不器用者にとって、とても厳しい未来予測がささやかれている。人工知能がこれから人間の仕事を奪うよ、生き残るには独創性や「**クリティカル・シンキング**」、つまり機転を利かせて次から次へと思考を改める柔軟性が必要だよ、という。

……これ、不器用者の我々にとって無理難題じゃなかろうか。不器用者に「器用になれ」と言っているのと同じくらい無茶。それができるならはじめから苦労はしない。人工知能の時代には器用者の思考、クリティカル・シンキングが必要だよ、という言葉の裏に、「不器用な人間は切り捨てるから、あきらめてね」というメッセージを感じるのは、私だけだろうか。

クリティカル・シンキング：批判的思考。議論の前提が本当に正しいのかを感情等に流されずに客観的に判断し、本質をとらえようとする思考法。

創造性については、前著『ひらめかない人のためのイノベーションの技法』（実務教育出版社）で詳しく述べた。しかし不器用者は、その前段階の「柔軟な発想」のところで躓《つまず》いている。この問題を解決しないことには、前に進めない。

私ももうじき、50代。不器用者はなぜ不器用なのか、器用者はいったいどうして器用なのか、気がついたことを言語化し続けてきた。その結果、**思考の枠組み、「思枠」**がキーワードではないか、と思うようになった。不器用な人は「思枠」に囚われやすい。このことを意識するだけで、相当の改善が図れるのでは、と考えている。

本書は、手に取る人がビジネス関係者であることを想定してまとめてあるが、「思枠」は、私たちの日常のいたるところに現れる。紹介する事例はビジネスシーンだけでなく、赤ちゃんさえ登場する。ビジネスを中心として、日々の生活に役立てていただけたら幸いだ。

第３章

「思枠」に気づく３つの方法
——観察・言語化・前提を問う

第4章 「思枠」を操作する——ずらす・破る・デザインする

第5章 「思枠」を実践してみる

イラスト いしいひろゆき
デザイン 三瓶可南子
組版 ダーツ

第1章

〝臨機応変〟ができる人、苦手な人の違い

〝臨機応変〟が苦手な人＝不器用者は思枠に支配されやすい

では、私たち不器用者にとって、「思枠」はどう働くものなのだろうか。それを考えるために、まず、不器用者は「思枠」に支配されやすい、ということから見ていこう。

不器用者はなぜ不器用なのか

そもそも、不器用者はなぜ不器用なのだろう？　私のような不器用者は、「心積もり」を用意しておくことが多い。何か行動するときは「こうなったらこうしよう」という想定をしておく。想定どおりにことが運べば（緊張しない限り）うまくいくが、ちょっとでも心積もりと違うとパニックになり、頭が真っ白。どうしたらいいか分からなくなる。

緊張する場合は「失敗したらどうしよう」と心配ばかり。手順を間違うと「もうダメだ!」とパニックになり、自暴自棄になって、すべて投げ出したくなる。状況を完全にコントロールしたいのに「心積もりと違う!」と気が動転し、どうしたらよいか分からなくなる。

【意識すると失敗する?】

テニスコーチである『新インナーゲーム』(日刊スポーツ出版社)の著者、W・T・ガルウェイ氏はある日、バックハンドが「うまくなったね」と生徒をほめた。すると次からホームランが続出。「さっきはこんなふうにスウィングしていたよ」と指導するとよけいに動作がぎこちなくなり、できていたこともできなくなってしまった。不器用な人は教えれば教えるほど動きがぎこちなくなり、うまくいかなくなることをガルウェイ氏は思い知るようになった。

ガルウェイ氏はある日、声のかけ方を変えてみた。「ボールの縫い目をよく見て。スローモーションで見る気分で」。すると、バックハンドが再び上手に打てるように。フォームの指導もしていない。なのに勝手に上手になった。打撃フォームを意識させるのではなく、ボールに意識を向けさせただけで。

不器用な人は、自分の体を意識的に動かそうとする。ところが、動きを意識すればするほど動作はぎこちなくなる。そこでガルウェイ氏はボールの縫い目に意識を向けさせることで、意識が身体に向かわないように仕向けた。すると、身体が意識の支配下から離れ、スムーズに動くようになった。

ガルウェイ氏によると、「自分」には「セルフ1」と「セルフ2」がある、という。これは心理学の「意識」と「無意識」に呼び変えてよいだろう。「意識」は命令したがりで支配欲が強く、しかも攻撃的。意識が体を動かすと、「そこで体をひねるんだ!」と命令する。心に響くその声は気持ちを萎縮させ、動きをぎこちなくする。すると「違う! バカ野郎! そうじゃないと何度言わせるんだ! こうだよ、こう!」と、さらに命令と攻撃、罵倒《ばとう》が厳しくなる。意識は支配したがり屋、批判したがり屋、攻撃したがり屋。

そこでガルウェイ氏は、「ボールの縫い目」に視線をずらさせた。すると、「意識」はボールの縫い目を見るのに必死で、体を支配するのを忘れてしまう。すると「無意識」に体の操縦権が移り、実に巧みに身体を動かし、試行錯誤の中からボールが相手コートに落ちる適切な力加減を見出す。

ガルウェイ氏は、不器用な人が不器用な理由は「意識」が体と思考を支配しようとするからだ、と考えた。そして、「意識」が「視線」につられやすいのを利用し、何かほかのものに視線をずらして、体と思考の操縦権を「無意識」に譲り渡す工夫を試したわけだ。

不器用な人は「うまくやろう」とする「意識」が強すぎて、体と思考の操縦権を「意識」が支配してしまう傾向がある。ところが「意識」はああしろ、こうしろとうるさく命令し、「違う!」と怒り、「違うと言っているだろ! うすのろ!」と罵《ののし》る割に、体と思考を操縦するのがヘタクソ。不器用な人は、自分の中に口やかましく支配欲の強い指導者を抱えているようなものだ。

だが、「意識」を体や思考以外のものに注目させて、心身の操縦権を「無意識」にそっと渡すと、無意識は実に巧みに操縦する。これは、ちょっと考えてみたら当然だ。湯気の立つ湯飲みを見たら「このお茶、相当熱そうだな」と瞬時に判断し、慎重に手に取る。こうした瞬時の判断と行動は「無意識」が担当している。

荷物が重そうかどうかも無意識が瞬時に判断し、適切に体に準備させる。

近年、人工知能の研究が進んだ結果、こうした「無意識」の判断と指令が、非常に巧妙なものであることが分かってきている。

不器用な人はつまり、「意識」が強すぎ、体と思考の操縦を意識に任せてしまう。しかし意識は操縦が苦手。不器用。そして失敗する。それでいて意識はアラ探しが上手なので、「ヘタクソ！」と罵るのがうまい。よけいにぎこちなくなる。これに対し、器用な人は体をあまり意識せず、「無意識」に操作を委ねる。だから身体は実にスムーズに動く。

不器用な人は「意識」偏重型。器用な人は「無意識」を信頼し、体と思考の操縦を任せてしまえる人。そう考えると、「不器用」という現象の正体が見えてこないだろうか。不器用な人は、「意識が操縦しなければならない」という「思枠」に支配されがちなようだ。

【不器用者と臨機応変な人の違い】
不器用者
・考えすぎてしまう
・体と思考の操縦を意識に任せる
臨機応変な器用な人
・体をあまり意識しない
・「無意識」に操作を委ねる

まとめ

- 不器用者＝意識偏重型
- 器用な人＝無意識信頼型

意識の得意技、無意識の得意技を使い分ける

不器用な人は無意識を信用できず、意識にすべての操縦を委ねてしまいがち。私自身がそうだった。その状況から抜け出すきっかけとなった物語がある。『荘子』という中国の古い書物にある話だ。

【切ろうとするから切れない】

包丁の語源ともなった料理人、「庖丁《ほうてい》」は、王様の前で牛の解体ショーを実演した。

ダンスを踊るかのごとく、リズミカルに牛が解体されていく様子を見て、王様は感動。「お前の包丁は、よっぽど切れ味のよいものなのだろうな」と問うと、庖丁は「切ろうとしたら切れません」と、妙なことを言う。

「普通の料理人は、切ろうとします。するとスジや骨に刃が当たり、刃こぼれしてしまいます。私は切ろうとせず、牛をよく観察し、スジとスジのスキマにそっと刃を差し入れます。するとそれだけでハラリと肉が離れます。私は切ろうとしないので何年も同じ包丁を使い続けていますが刃こぼれせず、それどころかますます切れ味が鋭くなっていきます」。

私はこの話から、意識と無意識で得意が違うことに気がついた。**意識は「観察」と「言語化」、無意識は「身体と心の操縦」が得意**だ。

前項で、ガルウェイ氏の考えを紹介した。意識は主導権を握りたがる割に、体と思考の操縦がヘタクソ。それでいて批判が上手。無意識は体と思考の操縦が実に巧みで、しかし無言。器用な人は、体も思考も無意識に委ねるが、不器用な人は無意識への不信感が強く、意識して操縦しようとするから、かえってぎこちなくなる、ということを指摘した。

「意識」を黙らせたくても、うまくいかない。目を瞑《つむ》り、何も意識しないようにしても「意識しないようにしよう」という心の声がこだまする。デカルトという昔の哲学者は、考える自分を否定しようとしても考える自分の存在を打ち消せない、そのことを「我思うゆえに我あり」と表現したりした。そのくらい、意識を黙らせることは至難の業だ。意識を抑えようにも「そうはいくか」と意識は頑張る。不器用者にとって「意識」は、黙っていられない支配欲の強い上司そっくりだ。

そんなお悩みの不器用者にとって、庖丁のエピソードは大きなヒントになる。意識を黙らせることはできないが「視線をずらす」ことは可能だからだ。

庖丁は、「意識」をスジや骨の流れの「観察」に集中させている。包丁をどう動かすか、どう切るかという身体の動きから「意識」をそらし、観察に集中させている。これはちょうど、ガルウェイ氏がボールの縫い目の観察に「意識」を集中させることで、身体の操縦権を「無意識」に譲り渡したように。

「意識」はどうやら、「視線」に引きずられやすいらしい。目で見たものに「意識」はフォーカスし、その他のことはおろそかになる。おろそかになると、自然と無意識が心身の操縦権を獲得し、よろしくやってくれる。

「意識」が「視線」に引きずられやすいことを示した寓話が上田秋成『雨月物語』にある。

【石にかじりついてでも……】

打ち首前の犯罪人、「この場にいる全員、呪い殺してやる！」とすさまじい形相。その場にいた人間はおびえた。すると代官が「もしお前の言うとおりなら、首を落とされた後、目の前の石にかじりついてみろ」と言った。そして、打ち首。コロコロと転がった首はなんと、本当に石にかじりついた！

現場は大パニック！　本当にかじりついた！　呪い殺されてしまう！　大恐慌状態。

ところが、当の代官は涼しい顔。あんたのせいで呪い殺されるかもしれないのに！　と現場の人は怒り、「どうしてそんなに冷静なんですか⁉」とかみつくと、

「あいつ、石にかじりつくのに必死で、呪い殺すことなんて忘れてしまっているさ」

と代官は答えた。

「雨月物語」は怪談集だから作り話だろう。けれどこの寓話は、意識はひとつのことに集中してしまうと、ほかはおろそかになるという特徴をよく示している。

「意識」は一度にひとつのことしか集中できない。集中したことには恐るべき観察力を発揮するが、その他はおろそかになる。体の操縦は指先、ひじ、肩、体幹のひねりなど、非常にたくさんの要素を同時に動かさねばならないのに、「意識」はひとつのことしかできない。

ＮＨＫ教育「デザインあ」という番組の「考えていない」というコーナーで、カーディガンに袖を通すスローモーションの映像があった。単純な動作のようで、指先、手首や腕、体がどのように連携し、動く必要があるかを、見事に表していた。よくもまあこんな複雑な動作を、無意識は上手に操作してしまうものだ、と感心してしまう。

実際、人工知能やロボットは、まだこうした複雑な動きが難しいらしい。ドアを開けて部屋に入るというロボットコンテストで、１台もまともに通れなかった。開けた扉にぶつからないよう体をすべりこませ、ドアが閉まる前に入室するという複雑な動作を、ロボットで実現するのは相当に難しいようだ。

人間なら幼児でもマスターしてしまう。それが可能なのは、「無意識」に体と思考の操縦を任せるからだ。

自分は不器用だと思う人は、体と思考の操縦権を「無意識」に任せてみよう。「意識」がすぐに操縦権を奪おうとするが、そのときは「意識」に何かを観察させ、身体や思考から目を離させるとよい。あとは無意識がよろしくやってくれる、と信頼すること。すると、最初はうまくいかなくても、無意識が試行錯誤の中から、着実にうまい操作法を見つけてくれる。すると、体と思考がスムーズに動くようになる。

マジメで不器用な人が陥りやすい悩みのループから抜け出すコツ

不器用な人はマジメな人が多く、ほかに何も手につかなくなるほど深く悩んでしまうことがある。ここでは、「意識は視線に引きずられやすい」ことを利用し、柔軟な思考を取り戻すコツを紹介したい。そのために、「悩み」と「視線」にどんな関係があるか、ＰＴＳＤ（心的外傷後ストレス障害）を例に考えてみたい。

ＰＴＳＤは、ふとしたきっかけでトラウマ（心の傷）の記憶がよみがえり、パニックに陥り、日常生活に支障が出る症状だ。

これまでの治療法は、過去のつらい記憶に正面から向き合い、徐々にトラウマに打ち勝つ（認知行動療法）というものだが、過呼吸などパニック症状が現れ、治療がうまく進まないことが多かったようだ。

ところがＰＴＳＤの治療法として、単純だが効果の高い方法が編み出された。左右に動く光の点、あるいは治療者の左右に動く指先を目で追いかけながら過去の記憶を振り返るというもの（ＥＭＤＲ）。この方法だと不思議とパニックが起きにくく、日常生活に落ち着きを取り戻せるという。

なぜこの方法だと、パニックを起こさずにつらい記憶を冷静に受けとめられるのか、まだメカニズムは十分に明らかではないようだ。だから、ここで述べることは私の仮説だが、「意識が視線に引きずられやすい」ためのように思われる。

深く悩んでいる人は、同じ後悔を繰り返し考えることが多い。「あのときああしていれば」「でもあのとき、あの人がこういったからこうしたわけで」「だけどそれを聞き流すこともできたんじゃないか」「いや、あのときはそれ以外考えられなかった」「それでも、ほかの方法はなかったのか」……と、同じことを何度も、何十回も、何百回も繰り返し考えては後悔する。

脳は、同じ刺激が繰り返されるとその情報を伝える神経線維が太くなるという。他方、使われない神経線維は切れていく。ということは、繰り返す「悩み」は神経線維が太くなり、悩み以外の思考は神経が切れていく。一連の悩みの思考回路を効率よく繰り返せる「**脳内サーキット**」ができあがってしまう。

悩み以外の思考が弱っているので、ふとしたきっかけで過去を思い出すと、轍《わだち》にはまったクルマのように、「脳内サーキット」を回り始め、そこから抜け出せなくなる。繰り返し同じことを悩む。「脳内サーキット」を回りすぎて熱暴走すると、過呼吸や突然の奇声になったりするのではないか、と考えている。

ＥＭＤＲの興味深いのは、動く光や指先を目で追わせることで、意識が視線に引きずられて悩み続けることが難しくなり、治療者の問いに答えているうちにさまざまな思考がうながされて「脳内サーキット」から脱線した脇道がたくさん生まれる点ではないか。やがて「脳内サーキット」の神経線維が次第に細くなり、パニックを起こすことがなくなっていくのではないかと考えている。

「視線をずらす」方法は、慢性痛にも効果があるという。国際的に推奨された方法は、なんと、クリップボード（回覧板）。

慢性の激痛で日常生活に支障が出ている患者に、医者は「痛み」と書いたクリップボードを見せ、「これを痛みと思って、押さえ込んでください」と伝える。患者は痛みを消したい一心でクリップボードを押す。すると医者は「私は痛みです。押し返します」。全力で押さえようとしても押し返される。

「どうですか？」と医者。「疲れました。いくら頑張っても押し返してきて」。「どうしますか？」「いままでクリップボードばかり見つめていましたけれど、クリップボードの外には世界が広がっていたんですね……」

この治療を体験すると、患者は痛みばかりを見つめていた自分に気がつき、痛みを見つめるのをやめ、ほかのことに意識を向ける努力を始める。すると不思議なこと

【不器用者は悩みの「脳内サーキット」にはまりやすい】

に、痛みがほどほどに収まっていくのだという。

仮説でしかないが、この治療を受ける前は「痛み」だけを見つめてしまう。その結果、痛みを感じるための神経線維が太くなり、その他の神経線維が弱くなり、ますます痛みへの感受性が高まるという悪循環が起きていたのかもしれない。ところが視線をずらし、痛みを見ないようにしたら、痛みを感じるための神経線維が次第に細くなり、ほかの思考へと神経線維がネットワーク状に広がり、痛みはたくさんある刺激のひとつに過ぎなくなり、次第に気にならなくなっていくのかもしれない。

私は、自分がうつむき続けてないか、ときどき注意している。悩むときはたいがいうつむき、悩みだけを見つめているからだ。悩んでいる人を横から見ると、目は開いているのにあらぬ視線で「悩み」だけを凝視していることが分かる。「悩み」に魅入られている。

よく、悩むときこそ上を向いて歩こう、と言われる。実際、悩む人は妙にうつむき加減。「上を向く」と、不思議と悩みのことだけを考えることが難しくなる。どうやら上を向くと、目が上のものを観察せずにいられなくなり、それに邪魔されて悩みだけを見つめることができなくなるかららしい。

「上を向いて歩こう」は、案外、修辞だけではない。「意識」の呪縛力から解放されるには、「視線」をずらすこと。できれば何か具体的なものを、目で追うこと。動くものを見つめたり、正面より上のほうを眺めることが有効なようだ。

まとめ

- 同じことを繰り返し悩み続けると、「脳内サーキット」の轍にはまり込み、ほかの思考をしにくくなる。
- うつむき加減に悩みだけを見つめるのをやめ、具体的に動くものを眺めるか、上にあるものを見つめ、「視線」を動かすことで悩みばかり見ないようにすると、思考の柔軟性を次第に取り戻せる。

第2章

人間は「思枠」に支配される

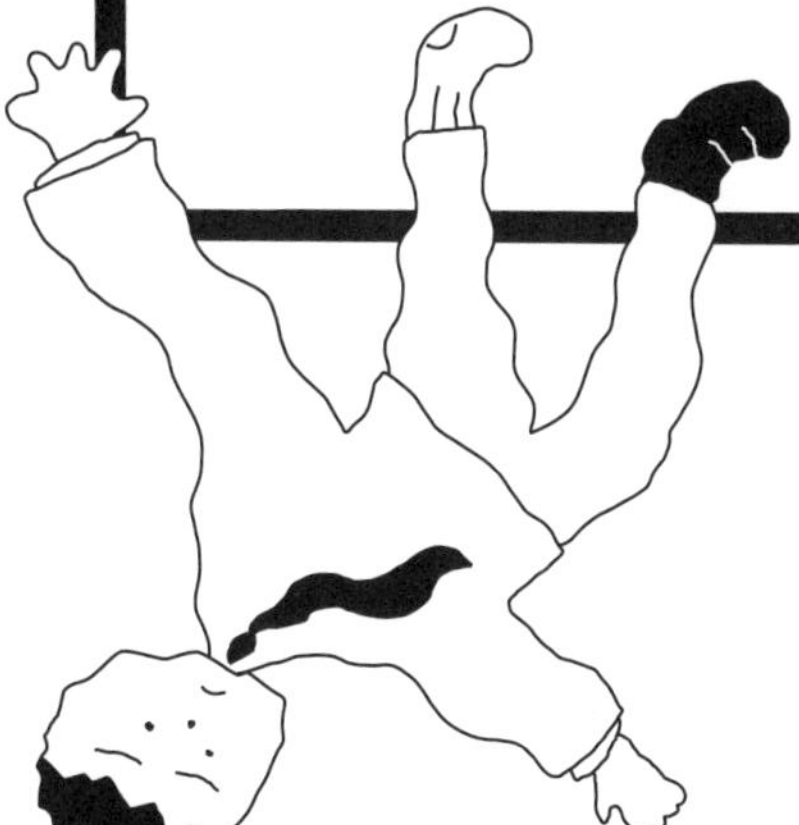

遠大な思枠、身近な思枠

「はじめに」で指摘したように、私たちは何か行動を起こす際、無意識に「次はこうなるだろう」という想定をする。想定どおりなら戸惑わないが、想定と違う事態に至ると戸惑い、ちょっとしたパニックになる。それが「思惑」という本来の言葉だ。

本書では、**行動を決定する前にすでに心に抱いてしまっている思考の枠組みを「思枠」**と呼び、それを分析し、対策を考えようとしている。

この「思枠」には、とっさの行動のような一時的なものもあれば、生まれてから場合によっては死ぬまで私たちを支配するものもある。

そうした「身近な思枠」と「遠大な思枠」の二つを考えてみよう。

大きすぎて気づかない遠大な思枠

まず、思枠には大きすぎて自覚も難しいような遠大な思枠、日常の小さくて身近な思枠、**大小さまざまな思枠がある。**それを眺めてみよう。

『サピエンス全史』（ユヴァル・ノア・ハラリ著・河出書房新社）という本がベストセラーになった。この本に興味深い指摘がある。人間は「**虚構**」を共有する生き物だ、というものだ。

ハラリ氏によれば、人類最大の虚構はお金だという。1万円札は紙切れでしかないはず。これがマツタケや鯛と交換できるなんて不思議だ。しかし人間は、みんなが信じる「虚構」に「ウソだ！　おれは信じない！」とは言わない。一緒に信じることができる生き物だ。

人間は法律という「虚構」を信じ、会社組織という「虚構」を信じ、お金という「虚構」を信じることで社会を無事回すことができ、日常を暮らすことができる。

70億人以上もの人類がそれなりに整然と社会を運用できるのは、「虚構」を共有できる特殊能力のおかげだ。

こうした「遠大な思枠」は、まさか虚構とも自覚せずに生涯を終えることも多い「思枠」だ。めったに変化も起きない。しかし、遠大な思枠が変わるときには、大激震となる。

有名なところでは、天動説から地動説への転換だ。

コペルニクスが地動説を訴え、その後、ガリレオやケプラーの研究が進んで、徐々に地動説は受け入れられた。太陽が地球の周りを回るのではなく「地球が太陽の周りを回る」へと常識がスライドしていった。

地動説への転換が衝撃的だったのは、世界は人類を中心に回っているという考え方から、「世界は人間なんか無視して動いている」、つまり、**人間が主役から脇役へと理解が変わったこと**だ。

天動説の時代には、「世界は人類を中心に回っている」という考え方（思枠）を採用しやすかった。その人類を支配する王様や宗教はさらに中心の中心で……と、支配する理屈としては分かりやすかった。

ところが地動説の「思枠」にシフトすると、世界（宇宙）は人類なんか無視して動くから、王様も庶民も、この世界の脇役でしかなくなる。王様も庶民もこの世界の脇役でしかないなら、なんで王様に従う必要があるの？　権力者の権威が揺らぎ、封建社会への疑問が湧いて当然だ。民主主義が台頭した背景には、「世界は人類を、さらには王様を中心に回っている」という天動説的思枠から、「王様も庶民もこの世の脇役でしかない」地動説的思枠への転換があったからだろう。

人類全体が共有する「思枠」は「パラダイム」と呼ばれる。そのパラダイムが別のパラダイムに変化することを「パラダイム・シフト」という。これが起きると、人類史的な規模で社会構造が大きく変換する。

パラダイムやハラリ氏が指摘する「虚構」は、私たちがふだん意識することがないけれど、お金や法律のように、私たちが無意識のうちに共有する「思枠」として存在している。

無数の身近な思枠

思枠は、社会を形成するような遠大な思枠だけではない。私たちの日常を支配する「身近な思枠」が無数に存在する。

たとえば育児では、「完母（授乳を母乳だけで行うこと）」という「思枠」がある。母乳には赤ちゃんの健康を守る免疫が含まれているから確かに重要で、病院でも完母を推奨するところが少なくなかった。ただ、「完母」という「思枠」に縛られ、母乳の出が悪いことで自分を責め、ノイローゼになる母親もいる。

生まれたばかりの新生児は3時間おきの授乳が必要。ところが、赤ちゃんはおっぱいを吸うのが最初は下手。途中で疲れて眠るので、1時間おきに空腹で起きたりする。このため、母親は極端な睡眠不足に陥ることがある。こうなると「笑顔で育児」どころか、育児ノイローゼが深刻化しかねない。育児中の母親の自殺は、出産から2週間〜1カ月後が多いという。この時期の負担を減らすことは、非常に重要だ。

ミルク併用なら授乳を夫などが手伝え、母親の睡眠を確保し、笑顔の育児も可能に

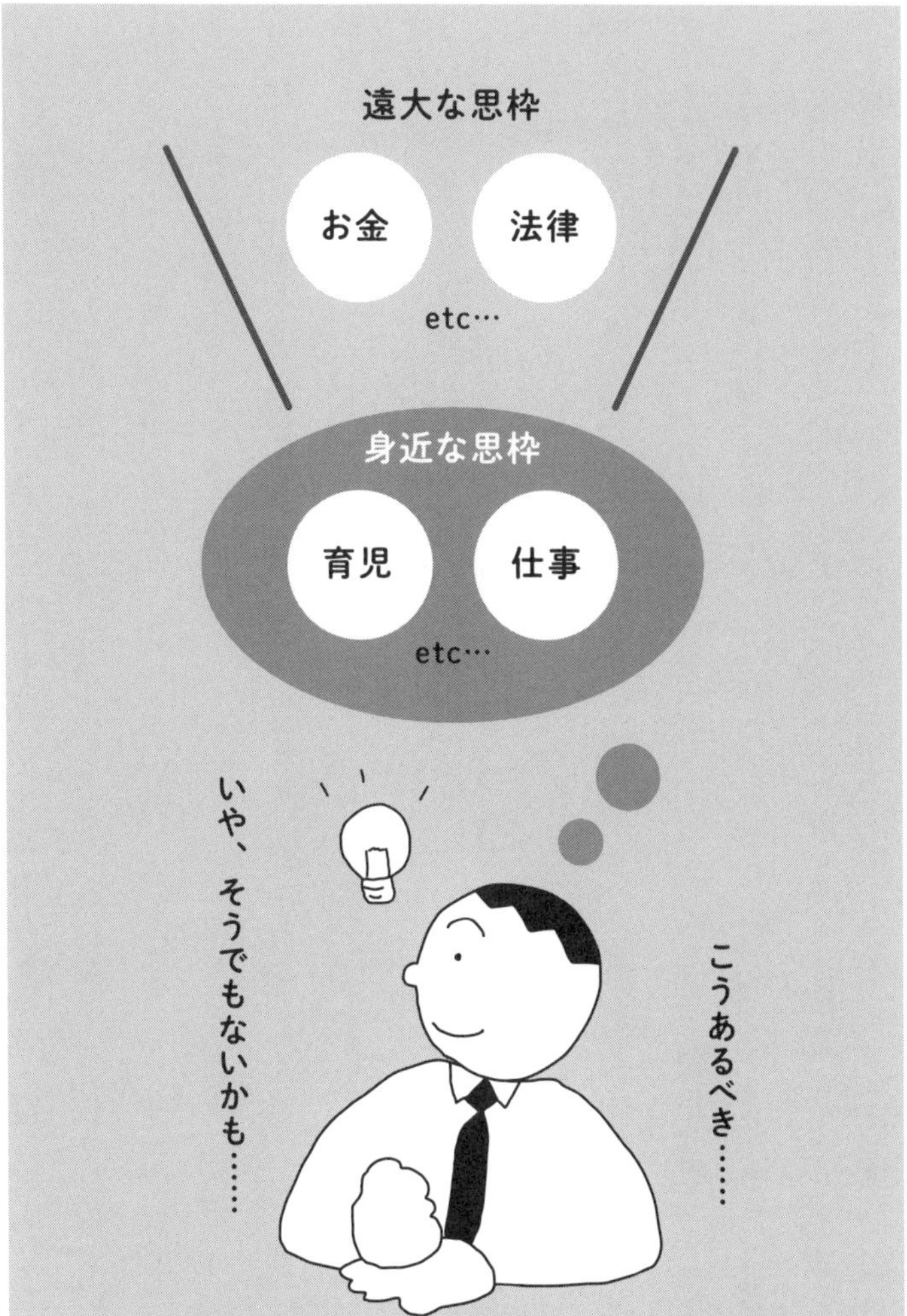

【思枠には「遠大な思枠」と「身近な思枠」がある】

なる。しかし「完母で育てるべき」「家にずっといるなら家事も完璧に」という思枠に囚われたら、ほかの行動をとれなくなってしまう。その結果、自分で自分を追い詰めかねない。「笑顔で育児を最優先」という「思枠」にシフトし、ほかの方法を検討することも大切だろう。

企業も、「組織人ならこう振舞うべき」「24時間仕事のことを考えるべき」という滅私奉公的な「思枠」を求めることがある。ブラック企業は、会社に都合のよい「思枠」を採用するように仕向けるようだ。

だが、私たちは人間だ。睡眠も休憩も必要、息抜きや気晴らしもなければ笑顔を失ってしまう生き物。だから、たとえ育児中であろうと、どんなに激務であろうと、息抜きや気晴らし、「楽しむ」ことを放棄してはいけない。楽しむ「余裕」の確保は、育児しなければならないからこそ、働かねばならないからこそ、最優先すべき課題だ。

「すべてを子どもに捧げる母」とか「会社のために滅私奉公」といった「思枠」は、地球規模からすると小さいけれど、個人の行動を大きく縛り、ときに健康や生活を脅かす恐れがある。

そんなときは、「笑顔でいられる」ことを指標にした新たな「思枠」を採用するのもひとつ。笑顔を失うくらいならこだわりを捨て、徹底して手を抜く。子どもに笑顔で接すること、笑顔で仕事に取り組めること、それを目指すのもひとつだろう。

思枠の遠近、大小に関わらず、私たちは「思枠」の中で行動してしまう。そのことをまず、見つめなおしてみよう。

まとめ

- 人間は思枠の中で考え、行動する。
- 大事なのは思枠に殉《じゅん》じることではなく、その思枠があなたの現状に適切かどうか。

「適切な思枠」と「破滅する思枠」

思枠は、私たちをうまく導いてくれることもあれば、破滅へと誘うこともある。前者を「適切な思枠」とするなら、後者は「破滅する思枠」と呼ぶことができる。「適切な思枠」は、現実の困難さと目標をうまく橋渡しし、適切な行動へと私たちを導いてくれる。しかし後者の「破滅する思枠」は、自分も他人をも破滅に導いてしまう。

「破滅する思枠」として典型的なのは、ドイツで生まれたナチスだろう。

当時、ドイツは第一次世界大戦で敗戦し「天文学的数字」といわれる賠償金を課されて、沈鬱な空気に包まれていた。経済が破綻し、パン1個が1兆マルクもするというハチャメチャぶりで、生活は非常に苦しかった。

他方、金融関係の人たちは比較的裕福だった。当時、金融といえばユダヤ人という単純なレッテルがあり、そのため「ユダヤ人だけが得をした」という誤解と憎悪が向けられた。もちろん、貧しいユダヤ人もたくさんいて、事実と異なる。

しかし、民衆の不満をナチスは利用し、憎悪の矛先をユダヤ人に向けるという思枠を提示した。

第二次世界大戦が始まる前の１９３９年1月30日、アドルフ・ヒトラーは次のように宣言した。

「たとえヨーロッパ内外の国際的なユダヤ人資本家が国々を再度世界大戦に突入させることに成功しようとも、結果は地上のボルシェヴィキ化すなわちユダヤの勝利ではなく、ユダヤ人種の絶滅に終わることになるだろう！」

ヒトラーは巧みに、第一次大戦後の混乱はユダヤ人資本家によるものだとすりかえた思枠を民衆に示した。そして民衆はその思枠を受け入れた。

その後、ナチスがユダヤ人を虐殺した歴史はみなさんご存知の通りだ。

第一次大戦なんかやらなきゃよかった、という自責の念がドイツ国民にあったはずだ。しかし自責の念に人間はいつまでも耐えられるものではない。誰かのせいにして心を軽くしたい。こんなに苦しいのは誰かあくどい人間の仕業だと考えたい。

そんな気分がピークのときに、ナチスは巧みにユダヤ人憎しという思枠を示し、それをテコにして人気を獲得、政権を奪取した。ヒトラーらナチスの人々にとって「ユダヤ憎し」は自らを有利に運ぶための思枠だったが、人類にとっては史上最悪の「破滅する思枠」だったといえる。

もうひとつ、「破滅する思枠」を考えてみよう。日本の敗戦を分析した『失敗の本質』（戸部良一・野中郁次郎ほか・中公文庫）によると、米国との戦争は当時の軍人たちも勝ち目がないと分かっていた。ではなぜ、無謀な戦争に突入したのか。なぜ誰も止めなかったのか。何が「失敗の本質」だったのかを追及した、非常に興味深い内容だ。本書によれば、「失敗の本質」は「空気の支配」を受けたことにある。戦後、当時の戦争遂行者たちの多くが「本心ではこの戦争に反対だった」と証言した。ところがその人たちは、戦時中には積極的な主戦論者として知られていた。

なぜ、本音では反対なのに賛成だと言ったのか。「とても当時は、反対なんかでき

「適切な思枠」
・現実の困難と目標をうまく橋渡し
・問題や悩みを解決に導く
「破滅する思枠」
・自分も他人も破滅に導く

【思枠には「適切な思枠」と「破滅する思枠」がある】

る空気ではなかった」と言い訳したという。

日本人は「空気を読む」民族だとよく言われる。ところが『空気の研究』（文春文庫）の著者である山本七平氏によると、明治頃までの日本人は空気を読むのを恥としており、むしろいかに「水を差す」かを意識していたという。確かに明治維新の人間たちは、「空気」を読まない話であふれている。ではなぜ、日本人は「空気」という名の「思枠」に縛られるようになったのか。

私は、軍隊での「鉄拳制裁」が原因ではないか、と考えている。

日本は明治維新以後、成人男性はみな兵役につくようになったが、もともとはケンカも嫌いな人が多い、庶民。日露戦争でも逃亡兵が続出したという。それに業を煮やした軍幹部が鉄拳制裁を推奨するようになり、上官の命令には絶対従うように訓練された。以後、必要以上に空気を読み、空気に支配される国民性となった可能性がある。

「空気を読む」ことで「破滅する思枠」をはめられると、国というサイズで集団的破滅に導かれてしまう恐れがある。それには、山本七平氏が指摘するように、「水を差す」技術、私なりに言えば「空気を破る」技術を身につける必要がある。本書では、そのことも言及していきたい。

課題を解決に導く適切な思枠

このままでは大変なことになる！　でもどうしたらいいか、誰も分からない……そんなとき、みなを適切に導き、幸せに楽しく暮らしていける「思枠」が提示されれば、そんなにいいことはない。ここでは、「破滅する思枠」とは逆に、「適切な思枠」へと世界を導いた事例を歴史から考えてみよう。

いまの時代からは考えにくいが、第二次大戦の前後、共産主義が世界中で猛威を振るっていた。

アメリカでは、世界中がドミノ倒しのように共産主義国に変わっていくと予想するドミノ理論が信じられていた。実際、世界各地で共産主義国が発生し、欧米や日本では、自分たちも共産主義国に変わるのではないか非常に心配されていた。

なぜ心配されたかというと、共産化した国ではお金持ち（資本家）の全財産が没収され、場合によっては殺されたりしたからだ。欧米も日本も、お金持ちが工場を経営し、繁栄を謳歌していた資本主義社会。もし共産化したら全財産を没収され、殺されてしまうかもしれない。資本主義を守りつつ、共産化を防ぐ社会デザインが求められていた。

そんなときモデルになったのがオウエン、フォード、ケインズの3人だった。

オウエンは、労働者を低賃金で長時間こき使うのが常識だった産業革命のイギリスにおいて、その逆張りを実践（労働時間を短くし、しっかり賃金を支払い、現在の生協に近い仕組みで良質な生活用品を提供）し、世界一の品質の糸を紡ぎ出し、商業的にも成功した人物。しかし当時は変わり者扱いされていた。

ヘンリー・フォードは、産業革命の頃と大して変わらない低賃金長時間労働の搾取社会において、8時間労働、週休2日、破格の高給という非常識を実行して、当時、超高級品だった自動車を従業員が購入できるようにしてしまい、商業的にも大成功した。しかし当時の資本家たちからは批判を浴び、やはり変わり者扱いされた。

この二人の変わり者に理論的根拠を与え、共産化を防ぐ経済理論を提案したのが、ケインズ。それまで資本主義社会では労働者のことを「仕方なしに賃金を支払わねばならないコスト」とみなしていたが、ケインズは、「もらった給料で自社の商品を買ってくれるお客様（消費者）」と捉えた。従業員に十分な給与を払えば、生活が豊かになって不満がなくなるから共産主義に憧れることもなくなる。しかもその人たちは消費者となって商品をたくさん買ってくれるから企業も儲《もう》かり、出資する資本家も利益が得られる。八方丸く収まるではないか、という修正資本主義が提案された。

戦後、日欧米の先進国はこの理論に飛びつき、共産化を防ぐことに成功した。資本家も全財産を没収されたり殺されたりする心配がなくなった。しかも、先進国に限られる話ではあるが、全国民的に豊かさを享受できるようになった。

その後、ソビエト連邦が崩壊するなど、共産主義が次々に破綻していく中で、修正資本主義を選択した先進諸国は、繁栄を謳歌することができた。「適切な思枠」にうまくスライドできた事例といえるだろう。

まとめ

- 労働者を「コスト」として捉えるのではなく消費者という「お客様」として捉えることで、修正資本主義は共産主義以上に豊かで比較的公平な社会を実現できた。
- 修正資本主義は、資本家と労働者の両者が納得しやすい「適切な思枠」だった。

第3章

「思枠」に気づく3つの方法

——観察・言語化・前提を問う

思枠とどう向き合うか

ここまで

・不器用な人は思枠に囚《とら》われやすい
・思枠には身近なもの、遠大なものがある
・思枠には破滅に導くもの、現実にうまく橋渡ししてくれる適切なものがある

ことを見てきた。第3章では、思枠を自在に、とはいわないまでも、思枠をある程度操縦し、つきあう方法について考えていく。

方法1　思枠に気づく　まずは自分が、あるいは周囲の人たちが、どんな思枠を採用しているのかに気づく方法を考える。どんな思枠が採用されているのか把握できれば、自然と、次の採用すべき思枠が見えてくるからだ。

方法2　思枠をずらす　うまくいかないと分かっていても、ではどうすればよいのか途方にくれるのが不器用な人。いきなり理想の思枠にワープするのは難しくても、ちょっと「ずらす」だけで世界が大きく変わる。「思枠をずらす」方法について考えてみたい。

方法3　思枠を破る　思枠は、その場にいる人みんなが囚われ、動けなくする力がある。そんなとき大切なのは「空気を破る」こと、「思枠を破る」技術だ。「思枠を破る」ことで歴史が動いた事例を見ながら、その方法を考えたい。

方法4　思枠をデザインする　私たち不器用な人間は、思枠を自分ではどうこうしようがないものと考えがち。しかし。思枠は自らデザインし、提案することが可能。自分だけでなく周囲をも巻き込むことも可能。ここでは、そうした思枠のデザインについて考えてみたい。

以上の４つの思枠への向き合い方を、実践的に紹介してみたいと思う。

【思枠と向き合う方法】

方法①

思枠に気づく

どんな思枠を採用しているかに
気づくことが第一歩

方法②

思枠をずらす

うまくいかない場合は
少しずらす

方法③

思枠を破る

空気を破る
＝思枠を破ることも時に必要

方法④

思枠をデザインする

思枠は自分で
デザインすることもできる

思枠に気づく方法❶ 観察

「思枠」に気づかないと、思枠を変更することもままならない。では、思枠にどうしたら気づけるのか。本書では、その方法として3つを考える。**①観察**、**②言語化**、**③前提を問う**、だ。まずは「観察」について見てみよう。

価値規準を投げ出し、ひたすら「観察」する

思枠は、知らず知らずに採用しているから、意識しないと気づくこともできない。気づかなければ思枠から出られず、思枠の中で袋小路に陥ってしまう。だから最初に目指すべきは、自分が無意識のうちに採用している思枠に気づくことだ。その方法に

ついてここでは考えていこう。

次のエピソードは、私が過去に書いた本に収録しているものだから繰り返しになるが、「思枠」を考える際、どうしてもこれ以上のよいたとえ話がみつからないので、かいつまんで紹介したい。


【まっすぐ見るということ】


老荘思想の研究者、福永光司《ふくながみつじ》氏が少年の頃、母親から、どこからどう見ても曲がりくねっている木を「まっすぐ見るにはどうしたらいい？」と問われた。しかしどうにもまっすぐ見えない。かなり頑張ってみたが、最後には降参した。すると母親からは「そのまま眺めればいい」という人を食った答え。

福永少年は、「まっすぐ見る」という言葉を受け取って、心の中に「まっすぐ」という物差し（価値規準）を胸に抱いてしまった。そうすると、曲がっているかまっすぐか、という情報しか頭に入ってこなくなる。

ところが「まっすぐ」という価値規準を脇に置いて虚心坦懐《きょしんたんかい》に眺めると、根の力強さ、木漏れ日の美しさ、木肌からの香りなど、五感を通じてその木の魅力が伝わってくる。「まっすぐ」という価値規準を胸に抱いたときとは比べ物にならないほどの大量の情報が飛び込んでくる。「まっすぐ見る」とは、余計な価値規準を胸に抱かず、「素直に眺める」という意味の掛詞《かけことば》だったのだろう。

次のエピソードは、「観察」することで思枠を外すことができた、私自身の経験だ。

【こうあるべき、を捨ててみたら?】

息子が生まれてしばらくたった寒い日、「赤ちゃんがずっとぐずっている」と、嫁さんばかりでなく、おじいちゃんおばあちゃんも心配していた。熱はないようだけれど、顔が赤く、ずっとウ~とうなって苦しそう。オムツでもなし、ミルクはよく飲むし、どこか体調が悪いんだろうか?

私はしばらく赤ちゃんを観察していて、「暑いんじゃない?」と言った。

まさかこんな寒い日に! と言われたけれど、ものは試しに、肌着以外は脱がせてみた。すると赤らんだ顔が落ち着き、スヤスヤ眠り始めた。

「えー！　こんな寒い日でも、肌着だけでちょうどいいって言うの？」

寒い日だから寒く感じているに違いない、顔が赤いからどこか体調が悪いに違いない、という思い込みを捨て、赤ちゃんを虚心坦懐に観察していたら、赤らんでいる顔と、昨日より厚着していること、服の中に手を入れるとムワッと熱がこもっているに気がついた。そこから連想して「暑いんじゃない？」と類推が働いた。

……………………………………

ああであるべき、こうであるべき、という価値規準（思枠）があると、目で見ていても価値規準に合った情報しか頭に入ってこなくなる。いわゆるバイアス（偏り）がかかるというやつだ。

価値規準を脇に置き、目の前の現象や人物を虚心坦懐に観察し、五感で情報収集する。赤ちゃんが、おもちゃをかじったり叩いたりひっくり返したりして、その事物をしゃぶり尽くして観察するように。すると、自分が知らず知らずのうちに採用していた思枠を解除することができる。

【思枠に気づく３つの方法】

①観察

虚心坦懐に見つめる
評価せず見つめる

②言語化

「分かっている」と
「分からない」の境界を
把握する

③前提を問う

疑うのではなく前提を問う

観察することで「遠大な思枠」に気づくことが可能になる

観察することで、普段は気づきにくい「遠大な思枠」に気づくことも可能になる。

森毅《もりつよし》さんという人は、『エエカゲンが面白い』（ちくま文庫）というイイカゲンなタイトルの本や『学校ファシズムを蹴っとばせ』（太郎次郎社）という教職らしからぬ本を書く、京都大学の名物教授だった。

著作にある興味深いエピソードを紹介しよう。戦時中、「敵国の人間を殺せ！」と叫んでいたのは非行少年ではなく、優等生だったという話だ。まじめで成績優秀な優等生こそが軍国主義を心から信じ、主張していた。これに対し、森氏のような斜《はす》に構えた人は軍国主義に疑問をもち、信じ込むことはなかった。

戦後、「これまで学校で教えていたことはすべて間違いでした」として教師が教科書を墨《すみ》で塗りつぶさせたときも、最も動揺したのは優等生だったという。これに対し、森氏のようなチョイ悪は、教師の豹変《ひょうへん》を「調子いいよなあ」と冷静に受けとめたという。

戦後の優等生の混乱ぶりは、城山三郎《しろやまさぶろう》氏著『大義の末』（角川文庫）にも描かれている。お国のために命を投げうつ「大義」に感動し、軍国少年となった主人公。ところが、敗戦。「いままで国が言っていたことは間違いでした」と言われても、主人公は混乱するばかり。

先に紹介した『サピエンス全史』が指摘するように、人間は「虚構」を信じる生物だ。そして「虚構」を信じ込むのは、悪逆非道の人間よりもむしろ、その時代の優等生。まじめで非の打ち所のない子が「虚構」を信じ、みんなにも共有するように求めるから、反論しにくい。こうして、「虚構」に疑いを挟むことが難しくなり、集団として暴走してしまう。

同じ意味で、アンデルセンの「裸の王様」は、実に見事な寓話だと思う。王様が裸なのはみんな見えているのに、「すばらしい服」という「虚構」を手放せない。まじめな人であればあるほど。

ＮＨＫ教育「オドモテレビ」に、面白いパントマイムがあった。フラフープをくぐると体が固まるフリを大人が見せたら、子どもたちも無言でまねた。人間は「虚構」にケチをつけず、そのまま受け入れる性質があるようだ。それは「ほかの人が信じることにケチをつけたくない」という優しさから出ている。

「裸の王様」のクライマックスで「王様は裸じゃないか！」と笑った子どもは、見方を変えれば、「空気の読めない子ども」だ。かつて、「ＫＹ（空気が読めない）」という言葉が流行語になったが、「空気を読めない」人の存在は、もしかしたら大切なのかもしれない。

ちょっと斜に構えた「不良」がいたほうが、つまり**空気を読まない人がいたほうが、誰もが身動きできなくなっている「虚構」の正体を見破り、目覚めさせる力になる**のかもしれない。

「優等生」は、その時代の「思枠」に最も巧みに適応した存在だ。ナチスが採用した「優生学」（優れた遺伝子をもつ者だけを生き残らせる）に基づいて考えるとしたら、「優等生」こそ優れた存在のように見える。

しかしどうやら、「不良」は人類に多様性をもたせ、「虚構」が虚構であることをみんなに教え、「思枠に気づく」役割を果たすようだ。優等生はある価値規準に順応しすぎた「恐竜」なのかもしれない。現在の進化学では、多様性こそが適者生存を可能にすると考えられている。時代の「不良」こそ、まだ見ぬ未来に適応するための種子なのかもしれない。

もしかしたら、「不良」を排除しようとする社会は、何かの「思枠」に囚われていることにさえ気づくことができなくなっている社会なのかもしれない。

歴史に学んで思枠に「気づく」

歴史を「観察」することで遠大な思枠に気づくことができることを見てみよう。

「はじめに」で、人工知能の時代になれば独創性のない人間、臨機応変の苦手な不器用者は生き残れないかも、とささやかれていると指摘した。日本ではバブル経済が崩壊した90年代以降、リストラの嵐が吹き荒れた経緯があったので、「人工知能が発達すれば、さらに人が要らなくなり、リストラされるかも」と不安になるのは当然といえるだろう。

しかし、歴史を振り返ると、不思議だ。上述したように、産業革命のときには機械が発達し、労働者はすでに余っていた。しかし、戦後は機械がさらに発達したはずなのに、完全雇用に近い状況が維持され、全国民的に豊かさを享受できた。機械が発達すれば人が要らなくなるはずなのに、どうして戦後の日米欧の社会では、高い雇用率をおしなべて維持できたのだろう?

その秘密を端的に表す言葉が残されている。

現パナソニック(松下電器)の創業者、松下幸之助氏は、当時の首相が「日本は失業率が低い」と胸を張ったのを、次のようにたしなめた。「いま、日本の会社は、みんな失業者をかかえとるのや。私どもでも1万人は遊んでいる」。

そう。戦後社会は、共産主義を食い止めるため、資本家も経営者も、懸命に雇用を維持していた。機械が発達していたのだから、そんなに雇用しなくても仕事は回せる。けれど首切りはしなかった。共産主義が恐かったからだ。

こうした過去を振り返ってみると、「人工知能が雇用を奪う」という主張が強まってきたのは、共産主義が復活することはもうないとタカをくって、利益を労働者に分配するのを惜しむ経営者や資本家が増えてきたからではないか、と考えると、理解しやすい。

つまり、産業革命のときには機械がスケープゴートにされ、機械を打ち壊すラッダイト運動という見当違いなことが起きたりしたが、それと同じで、「雇用を奪うのは人工知能であって資本家や経営者じゃないよ」とスケープゴートにしているだけではないか。本当は、資本家や経営者が利益を労働者に分配するのを惜しむようになっただけなのかもしれない。

このように、「人工知能が仕事を奪う」という「思枠」の奇妙さに、類似する歴史的事実を観察することから気づくことができる。

知らないうちに巻き取られている「遠大な思枠」に気づくには、歴史を「観察」し、現代と似ている点（アナロジー）を見出すことだ。すると、現代の「思枠」をどう克服すべきかも見えてくる。

まとめ

- **「遠大な思枠」に気づくには、過去の類似した歴史を「観察」すること。**

「身近な思枠」に気づくには

二つのエピソードをもとに「遠大な思枠」に「気づく」方法を見てきたが、次に、私たちの日常を支配する「身近な思枠」にどう「気づく」かを考えてみたい。

女性には「**逆算思考**」が得意な人が多いようだ（もちろん個性のほうが大きく、男性で得意な人もいる）。将来の夢を実現するにはこれができるように、それには来年にはこうして、そのためには今日からこれだけ勉強して……と。恐らくこの能力は、育児経験でさらに強化される。授乳で不眠に苦しみながら家事を切り盛りした経験で。

授乳しながら部屋を見渡し、「この子が寝たら洗濯物、次に掃除、次の授乳が終わったら食事の準備……」と、睡眠不足で重い体をひきずりながら、それでも家事を回

？ 逆算思考：ゴールや目標を設定して、そこに到達するために必要なことやスケジュールを計算し、全体の工程を考える思考法。

そうとするうち、限られた時間で業務をこなすため、逆算思考が磨かれるようだ。

この逆算思考はあまりに有効なので、子どもにも逆算思考を勧めてしまう。しかし私の指導経験では、特に「総領《そうりょう》の甚六《じんろく》」（きょうだいの中で一番上が男の子）には逆算思考はどうもうまくいかない。

私も総領の甚六。中学生の頃、私の成績の悪さに業を煮やした母が「このままじゃ高校行けないよ！」と言った。私は「いいよ、働くから」。勉強したほうがいい仕事につけて給料も高くなるよと聞かされても「いま楽しいほうがいい。勉強嫌い。将来なんか知らん」と馬耳東風。逆算思考は子どもの私にちっとも響かなかった。

なぜ逆算思考が響かないのか。子どもから見ると、大人は海千山千の怪物。総領の甚六にとって、大人は昔から大人。古代からの生物。同じ生き物と思えない。親にも子ども時代があったと聞かされてもピンと来ない。

後続の弟妹は様子が違う。兄貴がどれだけ勉強すると（勉強しないと）どの高校に落ち着くのか、1日どれだけ勉強すれば兄貴より上に立てるのか、おおよそ見当がつく。兄貴を「踏み台」にして将来の仕事も予想できる。下の子たちは逆算思考が比較的容易。

ところが、男の子はおしなべて刹那思考（いまが楽しけりゃそれでいい）が強い上に、最初の子（総領の甚六）は参考になる「少し年上のお兄さんお姉さん」がおらず、高校なるものの実感が全く湧かない。大学ともなれば、カスミのかなた。「小中学校だけでもイヤだったのに、まだ勉強するの？　高校は義務教育じゃないんでしょ？」と逃げたくなる。

将来の展望？　何それ？　おいしいの？　そんな総領の甚六に、逆算思考の有効性を訴えたところで、宇宙人の話。まるで実感が湧かない。総領の甚六には、過去から現在までの自分は把握できても、未来はまるで見えない。そんな心境。

逆算思考ですべての課題をこなしてきた母親にとって、将来のことをちっとも考えない総領の甚六の姿は、理解不能。でも、総領の甚六には実際、未来がまったく見えない。実感がない。逆算思考という「思考の枠組み」（思枠）が無効なのだから仕方ない。

総領の甚六を動かす「思枠」はなんだろうか。私は学生時代から10年ほど、不登校児や学習障害児を受け入れる学習塾を主宰していたのだが、その間に観察してきた経験から、中学生男子にかなり効果的だと思われるのは「使命感」だ。男の子は誰かを守るヒーローになりたい。中学生くらいの思春期の男の子ならなおさら。そこから学ぶことの意義を説いていくようにしていた。

【男の子は使命・試練が好き】

私が塾で男子中学生たちに話して聞かせて効果が高かったのは、「好きな女の子を守る」というストーリーだ。悪漢に囲まれたとき、自分が先に逃げたらきっと一生後悔する。だから、女の子を先に逃がして、自分は半殺しになってでも守るべき。君はそれができると見込んだけど、どうだ？　と聞くと、男の子は目が燃えてうなずく。

次に、ケンカみたいな分かりやすい場面だけでなく、世の中には法律の中でうまく罠《わな》にはめようとする連中もいる、そうした人間から家族を守るには、法律や経済の知識も必要。このことを知っているから、お父さんもお母さんも勉強しなさいって言うんだ。君は家族を守れるだけの知識はあるか？　と尋ねると、残念そうに首をかしげる。
だから勉強するんだよ。勉強するのは、将来君が家族や周囲を守るためなんだ。中学の内容は、そのための基礎。こんなの、チャチャッと片づけちまおう。大丈夫、おじさんのここまでの話がわかる時点で君はいい頭しとる。どうだ、やれるか？　と訊くと、強い視線で男の子はうなずく。

…………………………………………

こんなふうに、「誰かを守る」という、思春期の男の子の心をたぎらせる「思枠」の中で勉学を位置づけたほうが、動機が明確になりやすいようだ。親から言われるとウソ臭く感じるが、他人からの話だと不思議に真剣に聞く。高校や大学の銘柄はさっぱり分からなくても、将来、家族を守るという映像は、好きな子を思い浮かべながらだから、実感をもちやすい。
男の子は、苦労はキライで面倒臭がり。興味がわかない場合は逃避する。ところが苦労は誰かを守るための「使命」であり「試練」であると聞かされると、妙に燃える。男の子は基本、ヒーローになりたいようだ。だから、勉学を「ヒーローになるための使命、試練」という思枠に設定してしまう。こうした方法は、男の子を観察し、その性向を知ることから見つけ出した。

男の子は「試練」を好むということがよく分かる話として、西原理恵子氏『毎日かあさん』（毎日新聞出版）に登場するあるお母さんのエピソードを紹介しよう。

5人もの男の子を育てているお母さんが、家族で遠足。ところが遊び疲れて帰り道で全員が座り込み、「もう歩けない」と言い出した。5人も抱えて帰れるはずがない。どうする、お母さん！

「そうか、歩けないか。じゃあ走ろうか」

お母さんがそう声をかけたとたん、「家まで競争だ！」と全員が走り出した。

5人を家まで運ぶには……という逆算思考の「思枠」のままだと、地面に寝転ぶ5人をどうしようもないだろう。しかしこのお母さんは、男の子の性質をよく知っていた。「ヘトヘトでも全力で走るオレ」というヒーローっぽいイメージ（思枠）が気持ちをくすぐることを知っていたから、この難局を乗り越えられた。

子育てで大切なのは、自分の思枠を子どもに押しつけることではない。子どもには個性があり、それぞれが個性的な「思枠」を採用している。その思枠を観察して見抜き、どういう刺激だと動くかを考えることが大切だ。

男の子はヒーローになりたいものだ、と指摘したが、これも子どもの個性による。「男の子はこう動くはずだ」という思枠に囚われると、そうではないタイプの個性の子には合わなくて、子どもも指導する側も困ることになる。思枠を押しつけるのではなく、子どもの個性を見抜くための観察が重要だ。

自分の思枠に従わせようとするのではなく、**相手が心に抱く「思枠」を観察から見抜き、課題解決までの架け橋になる方法を探すこと。**これが子育てのコツであり、部下育成のコツになるだろう。

こうした「観察」を可能にするには、前述の福永少年の「まっすぐ見るには」と同じように、自分の価値規準をいったん脇に置き、虚心坦懐に相手を観察する必要がある。観察、観察、観察だ。

部下との関係も思枠に気づくと変わる

ビジネスの世界もそう。顧客の満足度を上げるにはこれをやらなきゃいけない、ならば明日までにこの業務を終えなければならない、だとすると君の業務はこれだけ、というように、上司は逆算思考で部下に仕事を割り振る。これは上司の仕事として当然のことだ。

しかし部下が非常に不服そうな顔をすることがある。「なんだ、仕事に対して不満なのか」と、上司のあなたも不快に思うだろう。だが、ここで必要なのは、部下の「思枠」を観察から見抜き、仕事の「思枠」と部下の「思枠」に架け橋をすることだ。

もしかしたら部下には今日、どうしても帰りたい事情があるのかもしれない。子どもの誕生日を祝ってやりたいのかもしれない。部下の「思枠」を観察から読み取り、仕事の「思枠」へと橋をかけ、やる気を損なわない運用をするのが上司の仕事だ。

ただ単純に自分の「思枠」を押しつけるだけだと、部下の「思枠」に気づくことができず、意欲を損ないかねない。自分の思枠をいったん脇に置き、部下の事情を聞き、理解を示し、部下の思枠から出発してどうやって仕事への思枠まで橋をかけることができるか、考える。

まずそのためには、自分の心を捉えている「思枠」を脇に置き、観察することが大切だ。

「観察」と「解決手段」を混同しない

なお、「観察」のときに気をつけたいのは、**「解決手段」と混同しないこと**だ。どういうことか。

ディスカッション大会でよく鉢合わせする知人から、「篠原さんは性善説だから」と言われたことがある。私が「人間は善美だ」と信じていると思われているようだ。しかし、私は自分を性善説だと思えない。人間の薄汚いところ、残虐な面も直視するからだ。ただ、私が提案する解決策は人間の「人のよいところ」を活用し、醜悪な部分が現れにくい工夫を選ぶようにしている。それが「性善説」のように見えるのだろう。

高校の倫理・政経の教科書には「性善説」の孟子《もうし》、「性悪説」の荀子《じゅんし》という人物が紹介される。孟子は「井戸に落ちそうな子どもに思わず手を伸ばす」とっさの行動を「惻隠《そくいん》の情」と呼び、人間は本来善だ、と説いた。

他方、荀子は、人間はすぐに怠けるし、ウソをつくし、裏切るし、利益をむさぼる。だからルールでがんじがらめにして、本性である悪が出てこないよう教育を施すべきだ、と考えた。

恐らく人間は性善でも性悪でもない。「人間」なだけだ。トンカチに「お前は木も切れないのか」と言ってもしょうがないし、ノコギリに「お前は釘《クギ》も打てないのか」と罵ってもしょうがない。トンカチはトンカチ、ノコギリはノコギリ。それぞれに「特徴」があるのみで、その特徴を善だ悪だと決めつけても意味がない。

たとえば包丁には「よく切れる」特徴がある。その特徴は、食材を自在に切断するすばらしい機能を果たす。だが時に、人を傷つける凶器になることがある。しかし、それらはどちらも同じ「特徴」であって、使われた場面が違うだけだ。

「特徴」を活かすには、善悪を決めつける「評価」をやめ、虚心坦懐に観察することだ。観察の段階では、「切る」という特徴が料理を豊かにもすれば、人を傷つけることもある、という事実は冷徹に「観察」する。

観察を終えたら、人間にとってうれしくない場面をいかに減らすか、楽しい場面はどうしたら増やせるか、解決手段を考える。解決手段を考える段階で、わざわざ性悪説をとる必要はない。どうせ解決するなら楽しいほうがよい。性悪的、露悪趣味な手段は、楽しくない。解決手段は、自分も周囲も楽しくなる方法を考えるほうがよいだろう。

恐らく冒頭の人が私を「性善説」と呼んだのは、私の提案する解決手段が楽しく取り組めるものばかりだからだろう。ただし私も「観察」の段階では、どんなに醜悪なことでも冷徹に観察する。善悪の規準を超え、「特徴」をすべて洗い出す作業を踏まえるからこそ、解決手段を考える段階ではさまざまな選択肢を思いつく。そう、楽しい選択肢も見つけやすくなる。

まとめ

- **「観察」するには、自分の思枠を脇に置く必要がある。**
- **観察の段階では、残虐冷酷醜悪なこともあまさず観察する。**
- **解決手段を考える際は、なるべく自分にも周囲にとっても楽しいものを選ぶ。**

「視座」を変える

「視点を変える」という言葉は日常でもよく使われる。しかしコーヒーカップのくぼみを見ようが、持ち手を見ようが、カップはカップだ。視点を変えろといわれてもいまいちピンと来ないし、何をどうしてよいやら当惑することが多い。

「視点を変える」より適切と思われる表現は「**視座を変える**」だ。自分の立ち位置を変えてしまうこと。ひとつ、ネットで話題になった方法を紹介しよう。

「コップの中の水」を国語・数学・理科・社会の「教科」別に表現すると、とても興味深いことが起きる。

たとえば数学の「視座」。「コップの大きさは２００㎖、水は約１００㎖入っている」。理科の「視座」だと「水はH_2O、コップの素材はケイ素」。国語の「視座」で

は「水がのどをスルスルと通り抜け、体のほてりがおさまっていった」。社会の「視座」は「水道局の管轄下にある2キロ先の処理場で殺菌された後……」云々。同じ「コップの中の水」でも、教科の視座が違うとものの見え方が劇的に変わる。

ここまで「価値観を脇において観察しよう」と提案してきたが、そもそも価値観をどうやって脇に置けるのか分からない人も多いだろう。そういう場合は、教科別の「視座」で観察しなおすと、物事を全く違う角度で観察することができる。

ビジネスの世界でも、「相手の立場になって考えることが大切」といわれる。これも「視座」を変える方法だ。取引先や顧客の立場になって考えてみる。すると景色が違って見える。

さらにビジネスの視座だけでなく、環境問題という視座、お金という視座、誰が喜び悲しむのかという視座、文学的視座、政治的視座、家庭からの視座、次世代の幸せを考える視座、さまざまな「視座」から同じものを眺めてみると、観察眼がグッと鋭くなる。

「視点を変える」のは、自分の立ち位置はそのままだから「思枠」に気づくことは難しい。立つ場所（視座）を変えるほうが、劇的に見える景色が変わる。「観察」を鋭くする方法として、「視座」を変えるという方法は、頭に入れておくとよいだろう。

まとめ

- 「視点を変える」より「視座を変える」。
- 「教科別」観察や「価値観別」観察を行うことで、観察眼を磨くことができる。

仮説的思考……観察眼を磨く仮説の力

「観察」を鋭くするのに、もうひとつ、大変有効な方法がある。それは「仮説を立てる」ということだ。特にこれは、未知の現象を相手にするときに威力を発揮する。

学校で習うことは、すでに知っていること（既知）ばかり。まだ誰も知らないこと（未知）、正解のないことにはどう取り組めばよいのかさえ分からない。特に私のような不器用な人間は、正解のないことが大の苦手。正解が分かっていれば丸暗記すればよいが、マニュアルもないことは、器用者でも尻込みする。

しかし、未知と向き合う方法が、実はある。しかもそれは赤ちゃんが本能的に行う思考法であり、不器用者でも実践可能な方法だ。それが「**仮説的思考**」だ。

赤ちゃんは生まれたときから未知の中に投げ込まれる。なにしろ、赤ちゃんは言葉が通じないから教えようがない。言葉さえ赤ちゃんには未知のもの。親もどうしようもない。

しかし赤ちゃんは、教えられなくても言葉や歩行をマスターしてしまう。未知を既知に変える術を、赤ちゃんは本能的に備えている。もちろん、本書を読むあなたも。

赤ちゃんは試行錯誤の中で、「こういう声ならお腹が減ったと分かってもらえるかも」という「仮説」に気がつく。その「仮説」に基づいて意識的にその声を発してみる。「あ？　おなかすいた？」と気づいてもらえたら、次から同じ声を発してミルクをもらおう、と考えるようになる。こうして次第に、言葉を習得していく。

「こうしたらこうなるかも」「こういうインプットならこんなアウトプットが返ってくるかも」。そうした「仮説」を立て、実際に試して、うまくいくかどうか検証する。こうした試行錯誤を繰り返して、子どもは次第に言葉を獲得していく。

恋愛も似ている。好きな子ができると観察せずにいられない。観察の結果、甘党と気づいたら「おいしいアイスクリーム屋さんの話なら興味をもってくれるかな」と「仮説」を立て、話しかけてみる。あんみつ屋に誘ったけど、アンコには興味がない様子。「アンコは好きじゃないのかな」という「仮説」を立て、次からは別のスイーツに誘うようにする。このように「仮説」を立てては試し、結果を受けて仮説を修正していく。そうして、恋人の好き嫌いを把握し、人柄を少しずつ明らかにすることができる。

これはビジネスも同じだ。お客さんでいっぱいのレストランを始めたければ、まずは人気のレストランを片っ端から「観察」（調査）し、人気の秘密を探る。流行の内装や人気メニューはこれじゃないかと「仮説」を立てる。その「仮説」をもとに次は不人気な店を「観察」すると、仮説通りの特徴なのに人気のないレストランの存在に気づく。すると、新たな仮説に切り替える。

こうして「仮説」の精度を上げ、実際にレストランを立ち上げる。すると、客の入りが少ない。どうやら立地がお年寄りの多い地域で、若者向けの内装とメニューが合わない様子。「お年寄り向けの料理を増やし、座り心地のよいクッションを用意してみたら」と「仮説」を立て、徐々に顧客の要望に近づけていく。

「未知」と向き合い、少しずつ、どうすればよいかを明らかにしていくには、「仮説」を立てることが有効だ。仮説を立てると自然に観察眼が鋭くなる。仮説とどこが違うかを目安に観察できるからだ。

ところで仮説的思考は、私たちが赤ちゃんの頃から本能的に備えているのに、学校教育を経るうちに失ってしまう能力でもある。これまでの学校教育は「正解」を丸暗記することを目的にしてきたため、私たちは長い学校生活の中で「未知」との向き合い方を忘れてしまう。「仮説的思考」を忘れてしまうわけだ。

でも、落ち着いて「仮説的思考」を取り返そう。本能的に備わるものだから、きっと取り戻すことができる。「こうじゃないか?」と感じた感覚を大切にし、「だとしたら、こうするとうまくいくかも?」と仮説を立て、その仮説に基づいて行動してみる。そうした試行錯誤を繰り返すと、だんだんと、「知らない」を「知る」に変えていくことができる。不器用者でも、どうしたらよいのかだんだん分かってくる。

実は、この「仮説的思考」は、科学の方法そのものだ。科学では、五段階のステップを踏む。**観察・推論・仮説・検証（実験）・考察**、だ。

先ほどのレストランの事例なら、まずは人気のレストランをたくさん「観察」する。観察から「これが人気の秘密ではないか」という「推論」が自然と湧き上がる。そうしたら、「こういう特徴を備えれば人気が出るのでは」と「仮説」を立てる。今度はその仮説を検証するため、あえて不人気のレストランを観察しまくり、仮説通りなのに不人気な店は有り得るのか「検証」する。もし仮説がうまくいかないなら原因を「考察」し、再び「観察」に戻り、「仮説」の精度を上げていく。私はこの方法を**科学の五段階法**と呼んでいる。

【科学の五段階法】

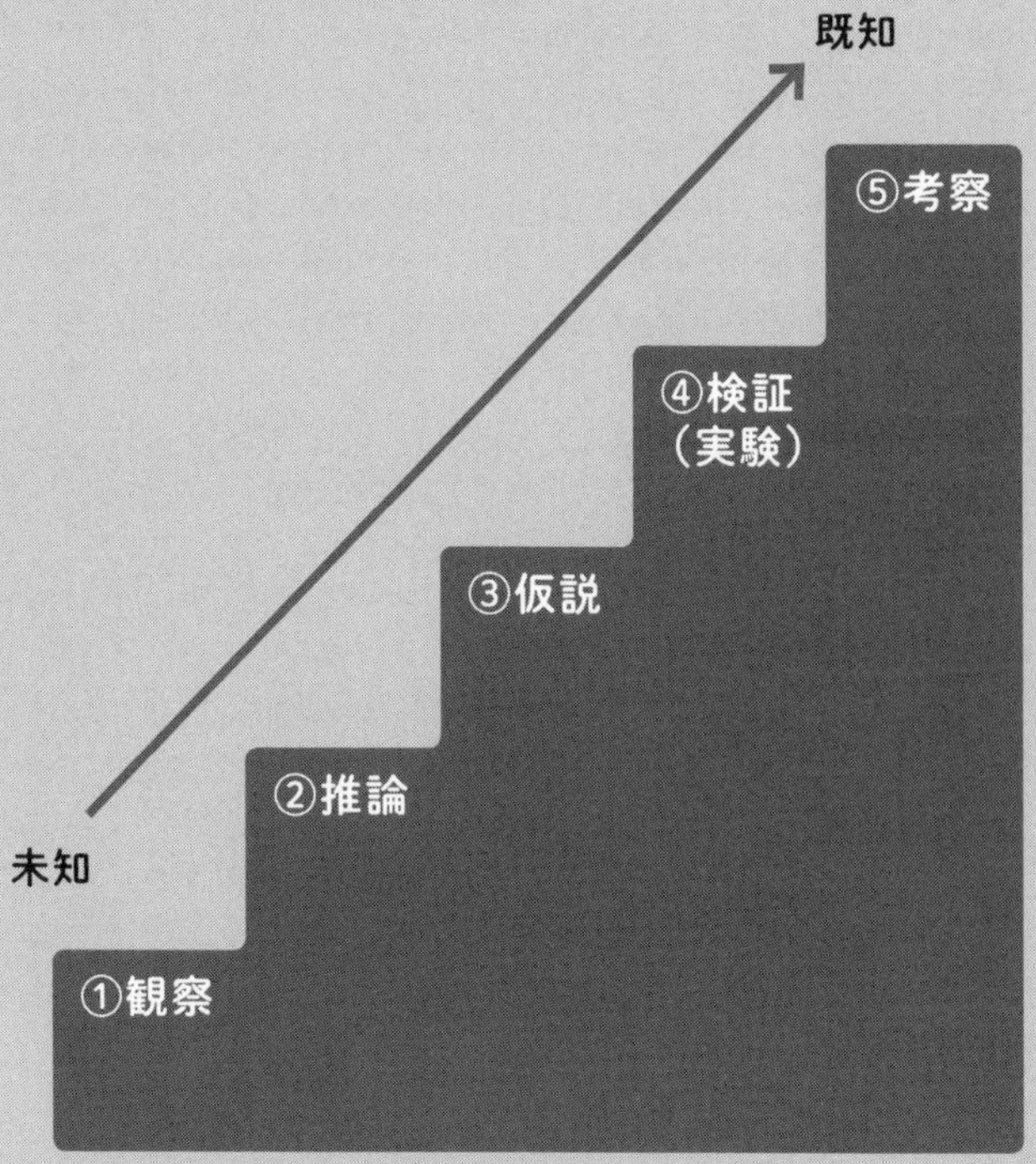

答えのない未知のものを
段階を踏むことで既知のものに変えられる

私と同様、不器用な人はそもそも答えのないことに向き合うのが苦手だ。けれど、仮説的思考（科学の五段階法）を行えば「未知」は少しずつ「既知」に塗り換わっていく。すると不思議なもので、仮説の立て方もだんだんと上手になり、大外れが少なくなっていく。「勘が働く」ようになる。

人工知能は、「**深層学習**」という新たな手法で何度も試行錯誤を繰り返すうち「こうしたほうが勝つ確率が高くなるかも」という一種の「勘」が働き、世界的な碁の強者にも勝つようになった。「勘」とは、数多くの失敗を経験することで浮かび上がる、意外に精度の高い「仮説」なのかもしれない。

「仮説」を立て、失敗してもまたそこから学んで新たな「仮説」を立てる。こうした仮説的思考を繰り返していくと、だんだんとひどい失敗もしにくくなる。失敗したとしても、適切な仮説を見つけるのが早くなり、早期に失敗を取り返すこともできるようになる。

「仮説的思考」は、「思枠」の中にとどまり続けることがなくなり、観察対象から新たな「思枠」（仮説）の存在を教わる方法だといえる。赤ちゃんの頃を思い出し、仮

深層学習：ディープラーニング。ニューラルネットワークを用いた機械学習の手法。大量のデータを学習させることで、人間が答えを教えなくても自動的に答えを見出すことができる。

説的思考を少しずつ練習してみてほしい。慣れてくると想定外の未知の現象が起きても、むしろ新しい発見ができると感じてうれしく思うようになる。そんな思考法をマスターできるだろう。

まとめ

- 「仮説的思考」は、不器用者がもっとも苦手とする「未知」との向き合い方を可能にする方法。
- 観察し、仮説を立てるという「仮説的思考」は、観察眼を磨き上げ、精度を高めるのに非常に有効な方法。

思枠に気づく技術❷
言語化

思枠に「気づく」方法として、「観察」することの重要性を見てきた。しかしただ観察するだけでは、思枠を操縦する技術まで押し上げることは難しい。思枠を操縦するには、思枠を「**言語化**」することが重要だ。

その第一歩は、**「分かっている」と「分からない」の境界線を明確に把握することだ。**「論語」という古典でも、「知るを知るとし、知らないことを知らないとする。それが知るということだ」、とある。「知る」と「知らない」の境界線を明確に把握することこそ、「知る」ということだといえる。

たとえば、コーヒーが苦いことは誰でも知っている。しかしなぜ苦いと感じるのか、その理由を説明できる人は少ない。

あの人はこちらの言うことをちっとも聞いてくれない、ということは分かる。けれど、なぜその人が話を聞かないのか、その理由を簡単には答えられない。

いざ「言語化」しようと試みると、私たちは「知っている」ことの周囲に膨大な「知らない」が存在することに気がつく。大切なのは、「知る」と「知らない」の境界線がどこなのか、明確に把握することだ。

経験を言語化する

何か気づいたことがあったら、言語化する。私がハッと気づき、その後気をつけるようになったエピソードを紹介しよう。

初対面なのに、私にやたらと噛《か》みつく人がいた。どうやら、誰かから私の悪口を聞いて悪い印象をもっているらしい。何を言っても悪意に解釈するので、どうにも誤解を解きようがないように思われた。

私はそこで「話す」ことをあきらめ、相手の話を聞くことにした。「これまでどんな仕事をしてきたのですか?」「へえ、それにはどんな工夫が必要なのですか?」相手の話に興味をもち、面白がり、時に驚いたりしているうちに、強張《こわば》った相手の表情が次第に和らぎ、楽しげになり、ついには私の仕事をほめ始めた。しかも、誰かち悪口を聞いたのかまで白状してくれた。

もし私が、相手の誤解を解こうと主張ばかり(話してばかり)していたら、誤解は解けなかっただろう。「相手に分かってもらえるように話す」という「思枠」から離れ、「相手に関心をもち、面白がってみよう」という「思枠」に移ることで、状況を打開することができた。

なぜその人は態度が変わったのか。それはおそらく、人間は「話を聞いてほしい」生き物だから。「自分のことを分かってくれる」人の出現を待ち望む生き物だから。

相手が何を話しても私が興味をもって聞き、面白がり、時に驚くので、相手は、「自分のことをありのまま受け入れてくれる」と感じたのだろう。すると、不思議なことに、「自分を受け入れるこの人のことを理解したい」という気持ちに変わったようだ。

こうした経験を「言語化」しておくと、次に似た事態が起きたときにスムーズに行動しやすくなる。ケンカ腰の人が来ても慌てず、相手に関心をもち、面白がれば、自分が話して理解してもらおうとするより事態を打開できることがある、と頭に叩き込めるからだ。

逆に言語化をサボると、本能に負けてしまう。本能（分かってもらいたくて自分が話してしまう）に逆らうことをする以上、決して自然に身につく行動ではないからだ。「自分のことを分かってほしい」という衝動も言語化し、「相手も人間で、理解者を求めている」という「思枠」を「言語化」しておくと、本能を超えて行動をとりやすくなる。

「言語化」しておきさえすれば、「あ、これがあの場面だな」ととっさに気づくようになり、準備していたことを試せるようになる。次第に慣れてくると、自分が話すばかりだった衝動が抑えられ、相手の話を聞くことが「第二の本能」のように、自然にできるようになっていく。

まとめ

- 本能、衝動のままでは、同じ失敗を繰り返す。
- 失敗や経験から学び、「言語化」することが行動の改良につながる。
- 「言語化」したことを反復練習し、「第二の本能」にまで仕上げることが大切。

「第二の本能」に仕上げる蔵・修・息・游

「言語化」し、「次に似たようなことが起きたらこうしよう」と思っただけですぐ実践できたらよいが、そうはうまくいかない。怒りの衝動に負けて同じ失敗をやらかすことは多い。同じ失敗をした自分に腹を立て、ヤケになって「こんなこと腹が立ってるときにできるもんか、きれいごとだ！」と罵って、やめてしまう人も多い。

しかし、結論を焦《あせ》らないでほしい。本能や衝動を抑え、知恵から学んだ行為を「第二の本能」に仕上げることは、段階を踏めば可能だ。その様子をうまく言語化した言葉がある。「**蔵・修・息・游**」だ（中国の古典『礼記』）。これを自転車の運転にたとえて考えてみよう。

「蔵」とは、とりあえず知識として丸暗記すること。自転車の運転なら、前に進み

れること。

たいときはペダルを踏み、止まりたいときはブレーキ、などの基本的な知識を頭に入れること。

「修」は、練習して技術をマスターすること。ユラユラ揺れながらでも、ともかく回数を重ねて自転車をこぎ、体に技術を叩き込むこと。

「息」は、呼吸が無意識に行われるのと同じように、無意識に実行できるまで仕上げること。自転車をこぎながら、鼻歌を歌い、いちいち考えなくてもペダルを踏み込んだり、ブレーキをかけたりすることができるようになっている段階。

「游」は、身につけた技術を応用し、遊ぶがごとく、いろいろ試す段階。細い道やカーブでも自在に乗り回す、さまざまなドライビングテクニックを楽しむ段階だといえる。

このように学習は、「蔵・修・息・游」という4段階を経て「第二の本能」といえる状態にまでに習得していくもの。本能や衝動に身を任せるだけではうまく実践できない「知恵」は、まず自分が納得できる言葉に「言語化」したら、次は「蔵・修・息・游」の4段階を経て、「技術」に仕上がるようにもっていく。そうなれば、無理を感じずに「知恵」を体現できるようになる。

このステップを踏めば、自転車の運転と同じように、習得に時間はかかるけれど、やがて「とっさの思枠変更」さえ可能になる。不器用な人でも、器用者と同じように切り替えが早くできることが増えていく。

まとめ

- **言語化した知恵を実行可能にするには、「蔵・修・息・游」の4段階が必要だから、焦らないこと。**
- **めったに起きない事態についても、「蔵・修・息・游」を繰り返し、実践で磨き上げ、「第二の本能」にまで仕上げよう。**

言語化の技術「連想」

「言語化」しようとしても、どこから手をつければよいのか見当がつかない人も多いだろう。そこでお勧めするのが「**マインドマップ**」だ。最初の言葉はなんでも構わない。思い浮かんだ言葉をマンガの吹き出しのように丸で囲み、その吹き出しから思い浮かんだ連想を別の吹き出しにし、吹き出し同士を線で結ぶ。そうして、頭の中を吐き出し、図式化する方法だ。

これをやってみると、頭の中ではものすごく膨大で複雑なことを抱え込んでいた気がしていたのに、意外と中身のない（あるいは言語化できていない）状態なのに気づかされる。

この方法はビジネスだけでなく、受験対策にも使える。私自身、京都大学の数学対策でマインドマップを利用した。京大数学の問題文はシンプルで、2〜3行しかない。「この式とこの式が成り立つとき、次の式が成り立つことを証明せよ」と、とても単純に見える。ところがこれをいざ証明しようとすると、A4用紙1枚では書ききれないほど長い証明になる。論理的思考が大の苦手だった私はまったく歯が立たなかった。

3度目の受験で、私はマインドマップを試すことにした。前提の式から連想したことを吹き出しでどんどん伸ばしていく。逆に、結論の式から連想した吹き出しを伸ばしていく。すると、前提と結論のそれぞれから伸ばした吹き出しの中から、共通なものが現れる。「あ！　つながった！」前提から結論に至るまでの証明の道筋を、そうやって見つけることができるようになった。非常に長い論理をたどるにも、マインドマップは便利な方法だ。

知っていると知らないの境界線を知る

少し脱線したけれども、言語化の話に戻そう。**「知っている」と「知らない」の境**

界線を明らかにする（言語化する）のに、マインドマップは大変有効だ。

たとえば、新商品開発のアイデアが何も思い浮かばないとき。まずは「新しい商品を作りたい」という吹き出しから書き出したとしよう。「新しいって何？」という問いが湧くので、その吹き出し。「いままでにないもの」という次の吹き出し。「うちの強みは？」という連想が湧いたら、これまでの商品をどんどん吹き出していく。そうして出し尽くすと、「あれ？　この分野、まだ空白じゃない？」と気づくことができる。

マインドマップは「連想」という、ひとつを思い浮かべたら次が湧いてくるという、頭の構造とよくマッチする方法のようだ。連想なら頭の中だけでもできそうに思えるけども、目の前に図式化し、視覚化することがとても大切であるらしい。いざ書き出してみると、頭の中では「素晴らしいアイデアだ！」と思えていたのに、「あれ？　陳腐だな……」と気づくことも多い。

頭の中だけだとどうでもよいことを重大に感じ、大事なことを軽視するバイアスがかかるらしい。頭の中だけで処理すると、「すごいこと考えた！」という感覚だけが一人歩きする。

そこでマインドマップとして目の前に吐き出してみる。すると、客体視できるようになる。重要と思っていたことが意外にちっぽけだったり、その逆があったりすることにも気がつく。さらに連想を続けると、いままでにない新しいアイデアにたどり着くようになる。

私は20代の頃、マインドマップを書きまくることで自分自身の「棚卸《たなおろ》し」をした。自分はどう育ってきたのか。物事の感じ方にどんなクセがあるのか。どんなことが好きか、嫌いか。なぜそう感じるのか。なぜそう行動してしまうのか。

ふと思いついたことを、マインドマップで全部書き出して、自分の正体を突きとめようとした。自分を大きく見せようとせず、変に卑下もせず、等身大の自分を把握するために。

その「棚卸し」をしたおかげで、迷いが少なくなった。自分の等身大が分かり、

「等身大の自分でできることは何か」と、実現可能な思考ができるようになった。できないことはできないとあきらめられるようになった。変に自分を英雄視しなくなり、自分をむやみに卑下することもなくなった。できることもあるし、できないこともある。知っていることもあるし、知らないこともある。そうした「棚卸し」を一度はしておくことは、いくつになってもお勧めだ。自分の知識の限界を把握すると、「知らない」を「知る」に変えて自分を更新していけるので、かえって楽しくなる。

「知る」と「知らない」の境界線を明らかにすることは、ソクラテスも重視していた。「汝自身を知れ」という言葉がそう。また、兵法書の『孫子』にも「敵を知り、己を知れば、百戦危うからず」とある。

たとえば、クルマの車幅を把握していれば、細い道も通れるし、対向車とうまくすれ違える。運転するクルマの輪郭を知れば危険は小さくなるように、自分の「思考の枠組み」の輪郭を捉えておくと、「自分」のサイズがよく分かる。

本書も、実はマインドマップを作成して著述している。

【本書のマインドマップ】

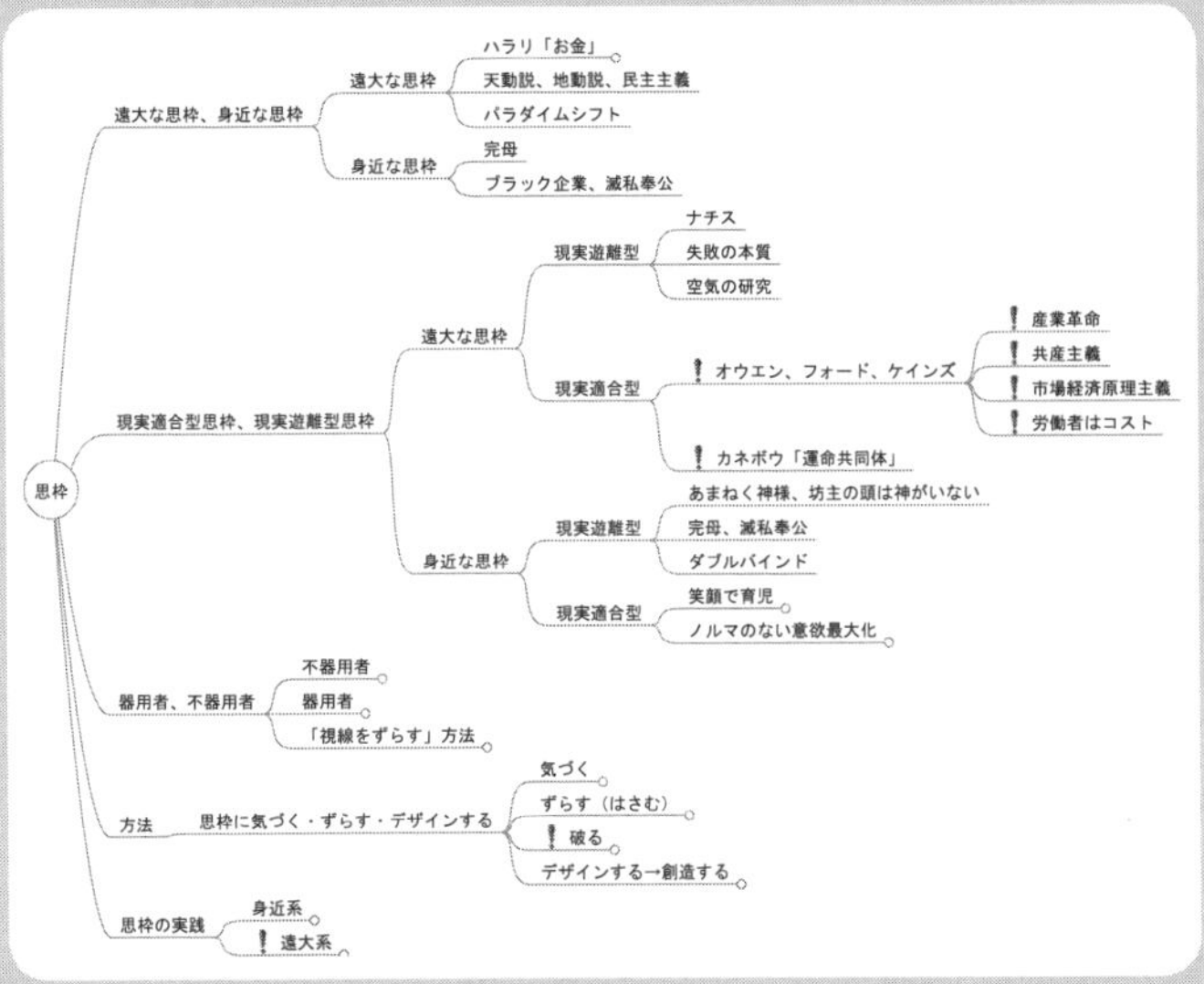

著者が実際に作った本書のマインドマップ、
FreeMind というソフトを使用している。

思考の全貌を明らかにするのに、マインドマップはお勧めだ。

まとめ

- マインドマップによる連想で「知っている」と「知らない」の境界線を把握することができる。
- 頭の中を吐き出すと、連想できない「空白」の存在に気がつく。

思枠に気づく技術❸ 前提を問う

駅で「新聞を疑え」という、なかなか皮肉のきいた新聞広告を見たことがある。このキャッチコピーが暗に前提している考え方（思枠）がある。それは、「賢い人間は鵜《う》呑《の》みにせず、疑ってかかるものだ」というものだ。迷信にとびつきやすい人間は疑うことを知らないからだ、合理的精神の持ち主なら当然「疑う」ものだ、と考えられている。

この考え方を普及させたのは、デカルトといってよいだろう。デカルトは『方法序説』という著作で、次の二つの方法を提唱した。

1. すべての既成概念を疑い、全否定せよ
2. 確かと思われる概念から、思想を再構築せよ

自分が幼い頃から素朴に信じていたことも、もしかしたら間違いを含んでいるかもしれない。だからいったんは疑い、全否定せよ、とデカルトは提案した。この方法なら間違いを完全除去した、完璧に正しい思想を構築できる！　と魅了された知識人たちは、デカルトの提案どおり「全否定」と「再構築」を実践するようになった。やがて、デカルトの本を読んだことがない人でも「疑う」批判的精神は大事だと信じるようになった。

ただ、私は、デカルトの「疑う」というやり方は過剰だと考えている。副作用が大きすぎるためだ。その副作用とは、「信じ込んで疑わなくなる」という、皮肉な現象が起きることだ。

ロシアで革命を起こし、ソビエト連邦という共産主義国家を作り上げたレーニンは、意見の異なる人々を虐殺した。「将来、自分の行いは正しいと理解されるだろう」と信じて。

カンボジアのポル・ポトも、やはり意見の異なる人々を大量虐殺した。自分の理想とする農業国家は必ず国民を幸せにすると信じて。

レーニンもポル・ポトも、自覚はあったかどうか別として、近代合理主義の洗礼を受け、恐らく既成概念をすべて疑い、否定し、自分の思想を再構築する作業を行ったのだろう。そうして再構築した思想は、もはや疑いの余地のないものに自分では感じてしまう。異なる意見は「間違い」と信じて疑わず、虐殺も当然と考えてしまったようだ。

そう。**「疑う」行為の厄介な副作用は、「疑う」作業を終えた後に再構築した思想を「信じ込んでしまう」こと**だ。なぜ信じ込むのか。「自分ほど徹底的に疑い、根底から思想を再構築し直した人間は世界広しといえど存在しない。だから、絶対正しい」と考えてしまうからだ。なぜ正しいと信じてしまうかというと、「疑う」ことはつらい作業だからだ。素朴に信じていたもの、幼い頃から愛していたものを疑い、否定するという行為は、一種の殺人だ。そんなつらい作業を経験したら、「その果てに得られるものは、絶対真理でなければならない」と期待してしまう。心理学でいう「補償」だ。これだけ疑ったんだから、もう信じてもいいだろ？　と報いを求める心理になるのだろう。

自分の思想は絶対だと信じ込めば、ほかの意見が聞こえなくなる。「自分以外は全部バカ」という心境に陥る。自分の信じ込んだ「思枠」から出られなくなる。これは残念なことだ。「疑う」ことの効能を信じて疑わないのは、現代の最大の「思枠」のひとつだろう。

私は、「疑う」という副作用の大きい劇薬より、もう少しマイルドな方法に置き換えたようがよいように思う。それは、「**前提を問う**」というものだ。次に、具体例を交えて考えていこう。

まとめ

- **「徹底して疑う」という苦しい作業を経験すると、再構築した思想を「信じ込む」という副作用がある。**
- **「疑うことは知性の証」という「思枠」に現代人は囚われている。**

前提の思枠に気づけば見えてくる

鉄は錆《さ》びやすい金属だというのは、私たちの日常でもよく経験することだし、昔の教科書にはそのように書いてもいた。ところが、超高純度の99・9996%の鉄は錆びもしないし、塩酸にも溶けないし、教科書に書いてあることがいろいろ成り立たなくなってしまう。

これは、教科書が無言のうちに、ある「**前提**」を置いていたためだ。「ある程度までしか純度が高くない鉄の場合」錆びやすいのは事実だ。しかし、どこまでも純度を高くした、超高純度の鉄にしたら？　と、前提を変えてみると、教科書とは違う性質を示すようになった。

別に教科書はウソを書いていたわけではない。ほどほどの純度なら鉄は錆びやすい金属だ。しかしその前提が変わると、必ずしも結果が同じとは限らなくなる。

どんな「思枠」にも「前提」が隠されている。「この前提が成り立つなら結果はこうなる」ということは、裏を返せば、その前提が崩れたなら、結果は違ってくる可能性がある。

そう。新しい「思枠」を創造するのに、全否定したり疑ったりする必要はない。前提を変えてみるだけで話が大きく変わるのだから、過去の思想を全否定する必要はない。「前提を問う」だけで十分な効果がある。

前提を問う。そして、違う前提だと結果が異なることに気がついたら、別の適切な「思枠」を採用する。それで十分。

「疑う」は、信じるものを失ってしまった不安が強く、早く信じられるものにすがりつきたくなる衝動に駆られる。そのため、「これはいい！」と感じる思想に出会うと、しがみついてしまう。「もうこれで疑うという苦しい作業から足を洗える」という、無意識下の衝動が働くのだろう。そして、もはや信じて疑わなくなる。

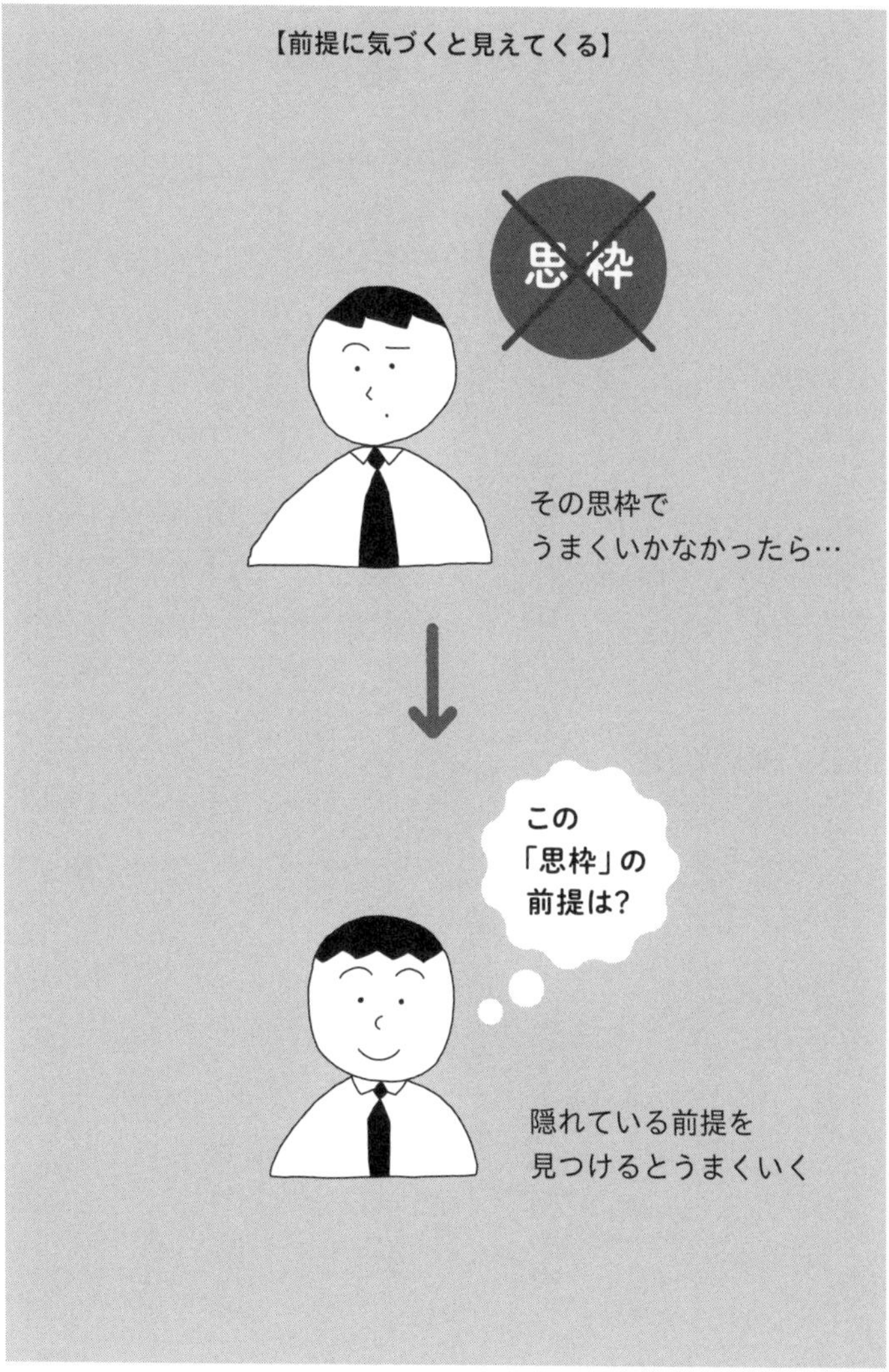
【前提に気づくと見えてくる】
思枠
その思枠で
うまくいかなかったら…
この
「思枠」の
前提は?
隠れている前提を
見つけるとうまくいく

「俺はもう、十分に疑った」というアリバイを盾にすることで。
私は、特に問題がないなら、古くからあるものでも素朴に信じてよいように思う。ただし不都合を感じたのなら、古い思枠に執着せず、「前提を問う」。そしてより適切な「思枠」へとシフトする。そうすればもっと軽快に、より柔軟で、経験を重ねれば重ねるほど適切な判断ができるように、感性が磨かれていくように思う。

まとめ

- 「疑う」は劇薬。「前提を問う」というマイルドな方法に置き換える。
- 思枠が成立するには、前提条件が成り立つ必要がある。前提条件が変わると、適切な思枠も変わってくる。

前提を問うと創造しやすい

スマホをはじめて購入したとき、みなさんは驚かなかっただろうか。私は驚いた。「説明書がない！」これまで説明書がない家電なんて経験がない。「まさかいくら操作が簡単だからって、説明書がないなんてことはない……よね？」しかし箱をひっくり返しても、ないものはない。仕方なく電源を入れ、恐る恐る、表示にしたがって操作すると……あれ？　設定できちゃった。

現在のスマホを事実上創出したのは、ｉＰｈｏｎｅを開発したアップル社のスティーブ・ジョブズ氏だろう。スマホが出た当初、日本企業はスマホの未来に懐疑的だった。しかし破竹の勢いで普及した後、慌ててスマホを開発したときには、もう日本メーカーは太刀打ちできなくなってしまっていた。

ｉＰｈｏｎｅはどこが画期的だったのだろう？　私の考えでは、「説明書がないこと」だ。前述したように、これまでのものづくりでは説明書が必須で、消費者が操作方法を理解する必要があった。消費者に負担を強いていたわけだ。その代わり、作り手は新機能を盛りだくさんにし、お得感を演出した。それがこれまでのものづくりの思想（思枠）だった。

しかし、ジョブズ氏はかつて、マウスで直感的に操作できるアップルコンピューターを開発した実績の持ち主。当時は意味不明なコンピューター言語をカタカタ入力しなければ動かせなかったコンピューターに、革命をもたらした。そのときから恐らくジョブズ氏は、「説明書が不要になるくらいに、直感的な操作はできないものか？」と考えていたのではないか。「そもそも説明書が必要という前提がおかしくないか」と、「前提を問う」たのではないか。

説明書がなくても、たぶんこうしたらうまくいきそう、と思ったとおりにしたら、その通りに動く直感性。そんな「使い手」目線のものづくりを世界で初めて完遂したのが、ジョブズ氏だったのだろう。

それまでのものづくりは、「作り手」が作りやすいように作っていた。それが消費者には操作が分かりにくい原因となり、分厚い説明書が必要になってしまう元凶だった。たくさんの「新機能」は不便をごまかすためのカモフラージュだったといえる。

しかしジョブズ氏は、「作り手」の自己満足でものづくりすることの「前提を問う」ことにしたのだろう。どこまでも「使い手」目線でものづくりし、説明書も要らない直感的操作と、機能は利用者が自分で選んで付加できる仕組みを考えた。これまでのものづくりの「説明書」と「新機能のてんこ盛り」という「前提」を問い直したのではないか。

今後、ジョブズ氏のものづくりの思想はさまざまな分野に波及するだろう。説明書を読まなくても操作でき、機能はあとから利用者が選択して付加できるようにする。作り手の自己満足の製品を押し売りするのではなく、どこまでも使い手に寄り添ったものづくり。「前提を問う」ことが革命的な製品群を生む、端的な例といえるだろう。

ジョブズ氏が革命的な製品を次々に生み出せたのは、自分が感じた違和感を捨てなかったことだろう。家電を使用するのに説明書を読むのはわずらわしい。これをどうにか解決できないか、と考えたはずだ。だからこそ、あそこまで作り込んだものづくりが可能だったのだろう。

自分の中で感じた、かすかな違和感。これを言語化し、「前提を問う」ことで生まれたアイデアを完遂したジョブズ氏。それには、開発陣たちへの粘り強い説得も必要だったはずだ。開発陣から「説明書つければいいじゃん」と相当文句が出ても不思議ではない。それをジョブズ氏は、「どこまでも使い手論理で、説明書をなくす方法を考えよう」と説得したのではないか。こうしたものづくりをできなかったことが、日本メーカーの敗因だったのかもしれない。

まとめ

- **自分の感じた違和感を大切にし、その違和感を言語化すれば、「前提」の問い方が見えてくる。**
- **「前提」を変えたら、それを周囲に粘り強く説得していく。**

第4章

「思枠」を操作する

——ずらす・破る・デザインする

思枠はずらすことができる

思枠に「気づく」方法について、これまで述べてきた。ここからは、思枠をある程度操作する方法について考えていきたい。

その方法のひとつに、「思枠をずらす」がある。過去の偉人のエピソードから、「思枠のずらし方」を考えてみよう。

【斬《き》りに来た？　じゃあ……】

坂本竜馬は当初、勝海舟《かつかいしゅう》を斬るつもりで訪問した。勝は、竜馬がそのつもりなのを承知の上で話し始めた。

竜馬は勝のことを「幕府を守る大悪人」と考えていた。勝はその「思枠」を見抜き、逆手に取った話を始めた。「アメリカで一番えらい大統領というのは、庶民が

入れ札（投票）で選ぶんだ」。幕府を悪と考える竜馬の「思枠」に逆らわず、それでいて予想もしない別の「思枠」を提示されて、度肝を抜かれる竜馬。

次から次へと勝が述べることは、竜馬がおぼろげながら「こんな世の中になればいいのに」と考えていたことばかり。しかも勝は、幕府を解体する構想まで語った。坂本竜馬は、その場で勝の弟子にしてほしい、と申し込んだ。

勝海舟は、自分を殺しに来た竜馬がどんな「思枠」をもっているかを推測し、その「思枠」を否定せず、むしろその「思枠」の発展形を披露して竜馬の度肝を抜きつつ、自分が胸に抱く「思枠」にまで思考を導いていった。


この出会いののち、坂本龍馬は勝海舟の弟子となって薩長同盟を成功に導き、明治維新への道筋を切り開いた。「思枠をずらす」ことで歴史が動いた一場面だといえるだろう。

もう少し身近な例でも「思枠ずらし」を考えてみよう。

【イヤイヤ期の子どもにお箸《はし》を渡す】

「おかあさん、おはし」と娘。でもお母さんは台所で料理の真っ最中。しかし私がすぐお箸を渡せば、「おとうさんじゃない！」と拒否し、泣き出すこと間違いなしの、イヤイヤ期。

そこで一計を案じた。私の箸を見せ「これかな？」「ちがう」お兄ちゃんの箸「ちがう」お母さんの箸「ちがう」最後に娘の箸「そう」。素直にお箸を受け取ってもらえた。

さらにもうひとつ、我が家で起きた場面。

「ごはんだよ」と呼んでも、遊びに熱中の子どもたち。「イヤ～」と言ったり、返事もしなかったり。

そこで一計。指を立てて「クイズです！　これは何本でしょうか？」「いちー！」「これは？」「にー！」「今度は難しいぞ～！　これは？」「ろくー！」「正解！　次

は競争だ！　リビングにたどり着くのは誰が一番かな？　よーい、スタート！」リビングに、我先に走り出す。

…………

子どもが「自分はこうしたい」と願っているのに、別方向を示されると反発する。「思い通りか、そうでないか」という枠組み（思枠）しか大人が提示しないなら、「思い通り」を選択する。結果、大人の思惑は外れてしまう。文字通り、思い惑うことになる。場合によっては、「言うことを聞かない子は悪い子！」と、親のほうがキレてしまう。

しかし「枠組み」を少しアレンジすると、子どもは案外、乗ってくる。お箸のケースでは、私がすぐに娘のお箸を渡そうとすれば「おかあさんにたのんだの！」と癇癪《かんしゃく》を起こしただろう。思考の枠組み（思枠）が「お母さんか、お父さんか」だから、思い通りでないことに腹を立てる。

しかし、私がわざとお箸を間違えると、「自分のお箸を当てるクイズ」という別の枠組み（ゲーム）にズレる。すると「お父さんに頼んでない、お母さんに頼んだ」という前の枠組みは忘れてしまう。その結果、誰がお箸を渡すかはどうでもよくなり、自分のお箸を正しく見破るゲームに熱中する。

ごはんに呼ぶ件も、「遊びかごはんか」という思枠の中だと、当然遊びを選ばれてしまう。少し回り道のようでも、指の数を当てるクイズという遊びの枠組み、その後、リビングまで競争するという枠組みを一つ二つはさむと、「リビングへ移動する」という「思枠」まで橋渡しできる。

子どもが言うことを聞かない場合は、思考の枠組みを一つ二つ挟んで、誘導するとよい。「遊びをせんとや生まれけむ」の子どもにしたら、遊びの中断は立派に深刻な案件。「遊びか否か」という緊張状態で選択させるのではなく、「あっちの遊びかこっちの遊びか」という「思枠」を間に挟むと、スムーズに誘導できることが多い。

大人も深刻なやりとりをしたいときこそ回り道

これは大人でも同じ。部下や取引先と重要なやりとりをしたいときも、深刻な案件をいきなり切り出さず、他愛もない話で和《なご》ませてから話すとうまくいく。これも、「思枠」を挟む技術だといえる。ワンクッション挟むほうがよいのは、トシがいくつになっても同じだろう。

もし部下に何かこだわりがあり、こちらの話に納得しないなら、それは、部下の「思枠」と上司のあなたの「思枠」との間に飛躍があって、心理的抵抗が強いためだろう。「遊びか否か」を子どもに要求するのと同じ緊張状態に陥っているといってよい。

その場合は、いきなり自分の「思枠」にワープさせようとせず、いくつか別の「思枠」を挟んでみるとよい。部下の話を聞き、その「思枠」から自然に連想される次の「思枠」に一緒に移る。そうして「思枠」をいくつか挟みつつ、上司の考える「思枠」へと誘《いざな》うとよい。

そうした手続きを面倒がらずに行うと部下も納得感が深く、自分ごととして意欲的に取り組める。説得できないのは、往々にして「お前の『思枠』を捨てて、こっちの『思枠』に飛び移れ!」と命じているときに起きる。納得を得るには、「思枠」をいく

【ひとつの思枠より思枠をいくつか挟む】

まっすぐひとつの思枠だとぶつかる

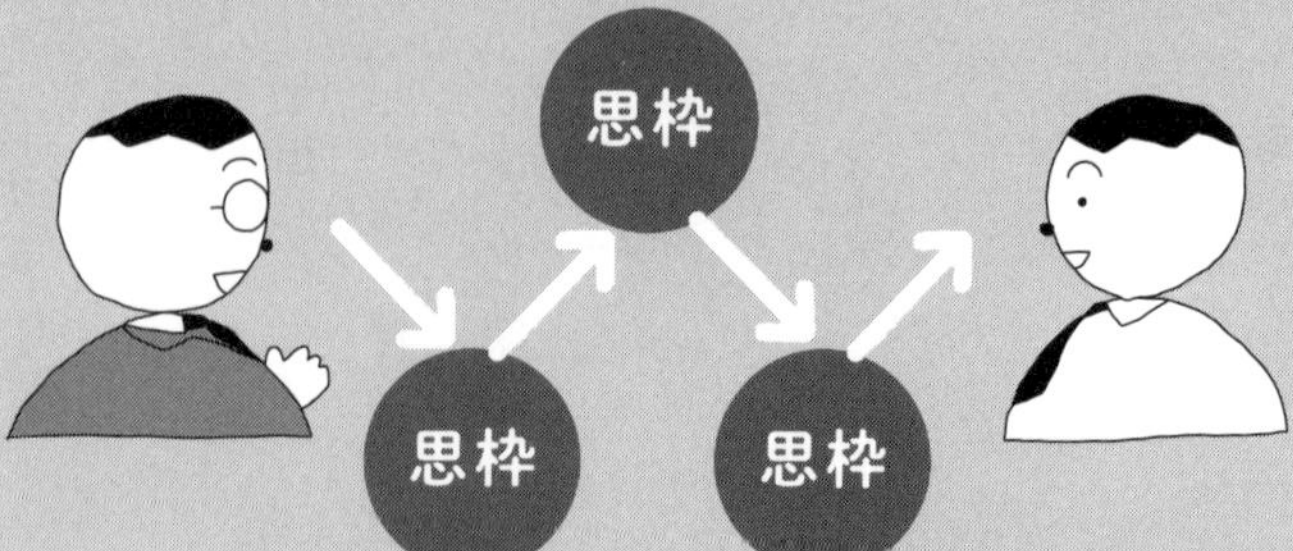

2つ3つの思枠を挟むとうまくいく

つか挟みながら、少しずつずらしていくことを心がけてみよう。

まとめ

- 人間はいまの「思枠」から別の「思枠」にワープすることは難しい。
- 楽しい思枠を一つ二つはさむと、自然に思枠をずらしていける。
- 共有したい思枠があるときは、相手の思枠から自然に連想できる思枠を引き出し、いくつかはさんで目的の思枠に誘導するようにする。

思枠ずらしの名人、晏嬰

ビジネスシーンを「思枠ずらし」で見事に乗り切った歴史上の達人を見てみよう。
その人物は、晏嬰《あんえい》という。

晏嬰が斉《せい》国の使者として楚《そ》国を訪ねると、楚王が意地悪して正門を閉じ、犬用の小さな門を開け「こっちをくぐれ」と伝えた。

もしそんなことをしたら、使者の面目は丸つぶれ。かといって、怒って帰ったら使者の使命を果たせない。絶体絶命のピンチ。どうする、晏嬰!?

晏嬰は次のように言った。

「楚の国が犬の国だというならそうしよう」

困ったのは楚王。もし犬用の門をくぐられたら、楚国が犬の国だと認めることになる。恥をかくのは晏嬰のほうではなく、楚王のほう。やむなく、楚王は正門を開いた。

悔しくてならない楚王は、次の意地悪をたくらんだ。宴会の最中、斉人の泥棒を庭に引きずり出した。斉は晏嬰の祖国。楚王は「斉人はみんな泥棒なのか？」と笑った。

ここで「そんなことはない」と必死に言い訳をしても、斉人が泥棒したことは事実。楚王がからかい続けるのは目に見えている。しかし、黙っていても楚王はからかい続けるだろう。またまた国の使者として、絶体絶命のピンチ。どうする、晏嬰!?

晏嬰は「タチバナとカラタチという植物をご存知ですか？」と話し出した。

「橘《タチバナ》と枳《カラタチ》はもともと同じ植物ですが、川を隔《へだ》てて、葉も果実も形の異なる別の姿になります。土が違うからです。斉では泥棒を働かないのに、楚では泥棒になるということは、楚は人間を泥棒に変える土地柄なのでしょうか」

ここでこだわると恥をかくのは楚王。楚王は「もうあなたをからかうことはやめ……た」と反省し、晏嬰とまじめに話し合い、晏嬰は見事、使命を果たすことができた。

晏嬰の切り返しは実に見事なものだ。この二つの事例では、楚王が晏嬰を困らせる「思枠」をデザインした。犬用の小さな門をくぐれ！　という無理難題の「思枠」が提示されれば、右往左往するのが普通だろう。

晏嬰は、「犬の門」という「思枠」はそのままに、微妙にずらした。「犬の門ということは、あなたの国は、犬の国？」

「思枠」の輪郭はそのままに、困るのが楚王になるように、「思枠」を絶妙にずらした。

斉人の泥棒の件も、紛れもない現実を突きつけて、晏嬰が困り果てるよう楚王はうまく「思枠」をデザインしたつもりだった。

晏嬰は、「斉人の泥棒」という思枠を引き受けながら、「どこで泥棒になったんでしたっけ？」という別の解釈を追加することで、楚王を逆に追い詰めた。すなわち、普通の人間を泥棒に変えたのは、むしろ楚の土ではないか？　と。楚王の意地悪の矢が全部楚王に跳ね返る「思枠」にシフトさせた。

どちらの難題も楚王自身が言い出したことだから、「あんたの言い出したことじゃないか」となるので、楚王は言い返しにくい。このように、交渉ごとでは、相手の提示した「思枠」の輪郭をそのまま受け入れつつ、少し論理をつけ足して相手を逆に追い詰める形にデザインし直すと、相手はグゥの音も出なくなる。

ほかにも、晏嬰は、自分に示された「思枠」を分析し、少し改変すれば、ピンチをチャンスに変えることができることを知っていたようだ。

【ただ、哀しみを表明する】

総理大臣が斉の王様を殺すというクーデターが起きたときのこと。多くの家臣は殺されるのが怖くて黙っていた。王様の死骸は転がったまま。総理大臣は、国民的人気の晏嬰がどう出るか、気にしていた。クーデターを批判するなら晏嬰も殺すしかない。
剣がきらめく中、晏嬰は王様の遺骸に突進、嘆き悲しんだ。それを見て、みんなハッとした。そうだ、仮にも王様だった人の死を悲しまないなんて。総理大臣も、王様の死を嘆き悲しむだけの晏嬰を殺す理由が見つからない。「自分たちに従うのか、それとも逆らうのか」という「思枠」に囚われていたクーデター側は、晏嬰を見て、「王様の死をただ悲しむ」というまったく別の「思枠」、しかし臣下なら当然の「思枠」の存在を思い出させた。それに当惑している間に晏嬰が帰ってしまったので、クーデター側も晏嬰をどうすることもできなかった。

晏嬰は、自分に突きつけられた「思枠」を承知の上で、自分の言動によって新しい「思枠」にずらすのが巧みだった。多くの人々は、示された「思枠」に従うか逆らうか決めるだけで精一杯。しかし、晏嬰はおそらく、「思枠」をずらし、デザインし直すことが可能なことを知っていた。歴史上でも、晏嬰は達人の部類になる。晏嬰から学ぶことは数多い。

「思枠をずらす」達人その2

歴史に名を残す偉人は、「思枠ずらしの達人」なのかもしれない。イエス・キリストの事跡も、「思枠をずらす」事例として、実に見事だ。

【ふしだらな女に、石を投げるか？】

ある日、律法学者たちやパリサイ人たちが、ひとりの女性をイエスの前に引っ張ってきた。その女性はふしだらなことをしたという。「モーセの律法ではふしだらな女は石を投げて殺せと言っています。あなたはどうしますか」と問うた。

イエスは神の言葉を伝えていると主張している。そして、人々を許せとも言っている。

そんなイエスが「許せ」と言えば、神の代理人ともいわれるモーセの律法を否定することになる。「律法通りに」と言えば、「人々を許せ」というこれまでの主張を撤回することになる。ピンチに立たされたイエス、どう答える？

イエスは次のように答えた。「あなた方の中で罪のない者が、まずこの女に石を投げなさい」。

これにはみんな困ってしまった。みんな、罪の一つや二つは覚えがある。まったくないと強弁すれば、あとで罪がばれたとき自分が困ってしまう。

「罪ある者は罰さねばならない」という教義を徹底すると、いずれ自分たちに跳ね返ってくるという矛盾を思い知らされる格好となった。結局、誰も石を投げられず、スゴスゴと退散した。

イエスの「切り返し」は、相手の提示した「思枠」をそのまま受けとめた上で、「あなたたちのうち、罪のない人間が」という絶妙な「思枠」を追加することで、相手が立ち往生するようにデザインしたものだ。

イエスには、もうひとつ、「思枠をずらす」見本として有名な話がある。

【皇帝のものは皇帝に、神のものは神に】

イエスを陥《おとしい》れようと考えた人々が、次のような難題をぶつけてきた。「ユダヤ人である私たちは、ローマ皇帝に税金を納めるべきでしょうか?」

これがなぜ難題なのか、少し説明が必要だろう。

当時、ユダヤの人々はローマ帝国に支配され、ユダヤ人の国を独立させたいと願っていた。そこにイエスが『神の王国』が現れる」と主張し、人気を博していた。もし右記の質問で「税金を納めるべきでしょう」と答えれば、ユダヤ独立運動の救世主と考えていた人たちの失望を招く。逆に、「税金は納めなくてよい」という発言を引き出せば、脱税をそそのかした罪でイエスを牢屋に入れることができる。まさに、逃げ道のない窮地《きゅうち》に立たされたイエス。

イエスは、次のように答えた。

「お金には、誰の顔が刻印されていますか?」

皇帝ですよ、と誰かが答えると、「皇帝のものは皇帝に、神のものは神に返しなさい」。
イエスは皇帝が支配する現実社会の話と、信仰の話をうまく切り分けた。イエスを追い詰めようとした人たちはとっさに言葉が出ず、スゴスゴと退散したそうだ。

....

イエスはどちらのケースでも、提示された構図（思枠）を否定せずに受けとめた上で、別の思枠にずらし、相手が困る「思枠」に変貌《へんぼう》させ、うまく解決している。「モーゼの律法を守るのか否か」という思枠から「あなたたちの中で罪のない人はいるのですか？」という思枠へ。「脱税をそそのかすのか否か」という思枠から「実社会と信仰は分けて考えよう」という思枠へ。

相手を窮地に立たせようと張った論陣が、自分たちを逆に追い詰めることになる。まるで相撲の「うっちゃり」を見るような気分だ。イエス・キリストの事跡を読むと、解釈を少し足すことで「思枠ずらし」が可能となる、極意が見える思いがする。

まとめ

- 思枠ずらしは、思枠の枠組みはそのまま受け継ぎ、解釈をつけ足して別の結論にずらすのがひとつのコツ。
- 相手が言っていることが無茶だと感じたら、その違和感を言語化し、それを新解釈として追加すれば、新たな思枠にずらすことができる。

思枠を破る

「思枠をずらす」方法は、相手の提示した思枠を否定せず、そのまま受けいれた上で新解釈を加え、別のテイストの思枠に生まれ変わらせてしまう方法だった。
しかし時には、自分を、あるいはみんなを支配する思枠をぶち破ってしまうことが必要なときがある。その事例を、歴史から学んでみよう。

【芋侍《いもざむらい》が……！】

明治維新の原動力となった、薩長同盟。しかし、薩摩藩と長州藩は血みどろの戦いを繰り返した犬猿の中。そんな二つの藩を同盟させるという発想自体に無理があると思われたが、坂本竜馬はなんとか実現しようと、両藩を引き合わせることに成功した。

しかし両藩とも押し黙って、一向に同盟のことを口にしようとしない。薩摩藩は自分たちのほうが有利な立場だから、自分たちから同盟を頼む必要はないと考える。長州藩はたくさんの仲間を失った恨みがあり、自分から頼むことはプライドが許さない。そんなこう着状態が続いていた。

緊張した沈黙が続く中、長州藩の席から「芋侍が……！」と、薩摩藩を罵る言葉が聞こえた。小さな声だったけど、静まり返っていたから満座に響き渡った。

ああ、これで交渉決裂、薩摩藩は激怒し、長州藩も「くそくらえだ！」と席を蹴って出ていくだろう。そんな情景が誰の目にも浮んだその瞬間！

「はっはっは！　芋侍！　うまいこと言った！」と、坂本竜馬が笑い転げた。呆《あっ》気《け》にとられる両藩。

薩摩藩も長州藩も、マジメに怒る気がなくなってしまった。薩摩藩としては、竜馬が笑うようなことにマトモに怒るのはおとなげない。長州藩もこれ以上悪口を言ったらおとなげない。竜馬の大笑いは、両藩がこじらせたこだわりを吹き飛ばし、「こだわり続けるのはおとなげないこと」という「思枠」に、一気にスライドさせるのに成功した。

西郷隆盛は、この大笑いを受けてニッコリ笑い、「その通り。われわれは芋ばかり食べておりますから」と引き取り、こだわりを捨てた。長州藩も悪口を言ったことを恥じ、こだわりを捨てた。それからは、一気に同盟に向けた交渉がスムーズに進んだ。

ビジネスでは、こうした交渉ごとが数多く起きる。両者にこだわりがあるとき、そのこだわり、わだかまりを笑い飛ばし、みんなを支配している空気（思枠）を突き破るのもひとつの方法だ。

もうひとつ、司馬遼太郎著『竜馬がゆく』（文春文庫）に収録された、西郷隆盛のエピソードを紹介しよう。

浪士たちが口論となり、斬り合いが始まろうとしたその瞬間、西郷は「私の特技をお見せ申そう」といって立ち上がり、袴《はかま》のすそをもち上げて、灯心の火で陰毛を焼き始めた。みんなが異様な光景に呆気に取られているうち、異臭が部屋に充満して、怒気がどこかに消し飛んでしまった、というお話。

ちょっと下品ではあるが、みんなが呆気にとられるような行動をとることで「斬り合う」という「思枠」が破られ、「なんだか馬鹿馬鹿しくなった」という「思枠」へスライドさせることに成功している。思ってもみない行動をとることで周囲の目を奪い、空気（思枠）を吹き飛ばしてしまうという方法は、維新の時代を生き残るのに重要な力だったのだろう。

あなた、気に入らないね！

個人的体験で恐縮だが、「空気（思枠）を破る」事例として、強烈に印象に残っている実体験をひとつ紹介したい。

大学で道に迷っているのを案内したことがきっかけで、韓国人留学生と私は仲よくなった。大阪の小さな居酒屋で一緒に飲んでいると、たどたどしい言葉から韓国人だと察したのだろう、明らかにヤクザと分かる人物が「わしゃ、朝鮮人は嫌いじゃ！」と何度も大声で叫び、挑発した。

バッと立ち上がる留学生。私は大阪人だからすぐヤクザと分かるが、留学生はわからない。ケンカになったら非常に面倒、相手が悪すぎる。私は彼をはがいじめにし、必死に止めた。それでも「朝鮮人は嫌いじゃ！」と挑発をやめないヤクザ。

ところが留学生は、盛んに目配せする。どうするつもりだろう、と手を緩めると、「あなた、気に入らないね！」と突進、あっという間にヤクザに向かって間合いをつめた。すわ、ケンカ勃発《ぼっぱつ》か！

ヤクザもそう感じただろうその瞬間、隣の席にドカンと座り、「ママさん、ビール！」。ハッとしたママさん、すぐさまビール瓶を差し出した。すると留学生は「あなた、気に入らないね！」と言いながら、ヤクザのコップにビールを注いだ。

言葉では真っ向から異を述べつつ、ビールを注いで親愛の情を示す留学生の振舞いに戸惑うヤクザ。しかも、懐に飛び込まれていつでも殴れる間合いにつめられ、ドギマギ。

体面を守ろうとしてか、そのヤクザは「朝鮮人は嫌いじゃが、お前のことは気に入った」と言った。すると留学生はガバッと抱きつき、「これでトモダチね！」と言った。突然のハグにまたもや度肝を抜かれたヤクザ。もう、肩を叩いて親愛の情を返すしかなかった。

留学生はウインクしつつ、私のいる席に戻ってきた。

この留学生は、年が二つしか離れていないのに私よりはるかに読書量が多く、英語も日本語も堪能、しかもケンカの呼吸まで心得ていた。度肝を抜かれたのは、ヤクザというより私のほうだった。

「空気を破る」、「思枠を破る」ということを考え始めたのは、この経験がきっかけだったといえる。正直、その留学生に人間力で圧倒的に負けた、と痛感した。いままでも留学生と同じ行動がとれるかといったら、無理だろう。しかしそれに少しでも近づけるように努力したいと願った。

留学生は、ヤクザの提示した「ワシの挑発に腹が立つなら殴りにきてみろ」という

「思枠」に乗ったかのように一気に間合いを詰めつつ、親愛の情を示すという「空気の破り方」を示すことで、事態をうまく収拾した。

こうした手法は、大なり小なり、応用を利かせることができる。上司に問い詰められたとき。クレーマーから無理難題を吹っかけられたとき。相手の体面もこちらの体面も守れる「思枠の破り方」がある。

脳内シミュレーションを繰り返して、「思枠を破る」方法を、マスターしていきたいものだ。

まとめ

- 「笑い飛ばす」、「脈絡のない奇行をする」、といった方法で、その場の人間全員が囚われている空気をも破ることができる。
- 口ではっきり反論しながら、姿勢で親愛の情を示すというやり方は、相手に気概ある人間として認めさせるひとつの方法。

思枠をデザインする

ここまで、思枠を操作する方法として、ずらすこと、破ることを紹介してきた。最後に紹介するのは、思枠をデザインする方法だ。

評価軸を提案する

昔々、紙に印字する機械にタイプライターなるものがあったそうな。現在のパソコンのキーボードの配列もタイプライターの配列をそのまま継承したそうだから、よほど普及した機械だったのだろう。

その後、ワープロという機械が生まれた。しかし当初は評判がよくなかった。わず

か16ドットの点だけだと字がつぶれるし、印字に時間はかかるし。タイプライターのほうがはるかに速くきれいな印字ができた。しかしやがて、ワープロが席巻した。なぜか。タイプライターは英数字しか印字できなかったが、ワープロなら漢字も印字できたからだ。「きれいに印字する」という評価軸から「多種類の字を印字する」という評価軸に変わり、ワープロの天下となった。

ワープロ全盛時代に、パソコンが登場した。当初、パソコンはワープロより見劣りした。ワープロはプリンターも内蔵しているのに、パソコンはプリンターを別に購入しなければならない。しかも価格が高い。けれど、やがてパソコンがワープロを駆逐した。なぜか。ワープロはデジカメやスキャナーなど、ほかの機械と接続が難しかった。インターネットにも接続できなかった。「多種類の字を印字する」という評価軸から、「多様な機械と接続できてネットもできる」という評価軸に変わった。その結果、パソコンが圧倒的に売れるようになった。

パソコン全盛時代にスマホが登場した。スマホは当初画面が小さく、プリンターへの接続もできず、キーボードがないので字の入力も不便で、機能的にはパソコンが上だった。それなのに、パソコンの売れ行きが低迷する一方、スマホは大ブレークした。なぜだろう?

これも、「評価軸」が変わったからだ。パソコンでもネットは楽しめたが、場所は固定。スマホはネットをどこでも手軽に楽しめた。「なんでもできる高性能」という点でパソコンにはかなわないものの、「気軽にどこでもネットを楽しめる」という評価軸のほうが商業的に成功したといえる。

面白いもので、スマホの普及が進むと、当初は難しかったプリンターなどへの接続も可能になった。音声認識でスマホでもかなりのスピードで文字入力できる。スマホのカメラ機能が向上し、コンパクトデジカメが売れなくなってしまった。パソコンの機能をスマホ(あるいはタブレット)でかなり代替できるようになった。

新商品は、登場時点では旧来の商品より能力で見劣りする。この現象は、『イノベーションのジレンマ』（クレイトン・クリステンセン・翔泳社）という書籍の中で、同名の現象として紹介されている。過去の評価軸で評価するなら、画期的な製品はみな過去の製品と比べて機能が見劣りする。しかし画期的製品は、「新たな評価軸の提案」を実現している。必要なのは、過去の評価軸における優秀さではなく、新しい評価軸を提案できているかどうかだ。

いままでの商品より少々能力が低くても、より多くのユーザーを獲得できる**評価軸**を創造するほうが市場を席巻でき、しかも能力は後からついてくることが、タイプライターからスマホまでの歴史をたどれば、見えてくる。

農業でも同じことが起きるかもしれない。たとえば、土の分析。これまでは分析の正確さが求められたが、結果が出るのに1カ月以上、1サンプルの料金も数千円と高額だった。

もし、「正確さ」から「速さ・安さ」という評価軸を提案できたら、市場を席巻できる可能性がある。畑は広いから、1カ所だけでなく複数箇所の土壌を調べて畑のどこに土のムラがあるのかを知りたいからだ。

私たち人間は、過去の評価軸（思枠）に支配されやすい。ついつい、新商品もこれまでの評価軸で評価してしまいがち。しかしそんなことをすると、「イノベーションのジレンマ」が指摘するように、新製品、新サービスは能力が見劣りするのがつねだから、ダメ出しされて終わり。

新商品は、新たな評価軸（思枠）を創造するもの。たとえば音楽鑑賞では、音質という過去の評価軸を犠牲にしてでも、「音楽をどこでも楽しめるように」という新しい評価軸を提案したウォークマンが大ブレークした。爆発的に普及した結果、音質に関しても飛躍的に改善された歴史を、私たちは知っている。見劣りする能力は後から改善できる。

過去の評価軸で能力を評価するのではなく、新たな評価軸を提案できているかどうかを、新製品・新サービスの評価基準とする。それが、「思枠のデザイン」のひとつの方法だといえるだろう。

まとめ

- 新製品を生み出すには、新しい評価軸を提案するつもりで。
- 新しい商品を評価するには、過去の評価基準ではダメ。新しい評価軸を提案できているかどうかで評価するように。

カッコイイのデザイン

千利休は、日本の美意識を確立した偉人のひとりとして知られる。千利休が生きた時代には「侘《わ》び寂《さ》び」という言葉はまだなかったようだけれども、同時代の覇者、豊臣秀吉が金ピカのきらびやかな装飾を好んだのに対して、利休は非常に渋いデザインを好み、茶の湯が確立されるに至って、その渋いデザインが日本では「カッコイイ」ものに位置づけられるようになった。

昔、韓国人留学生の友達が食器をほしいと言うので、信楽焼の素焼き（焼き締め）の食器を渡したら、ありがとう……と言いつつも、なんだか微妙な顔。どうやら、30年ほど前の韓国や中国の価値観からは、素焼きの焼き物は植木鉢にしか見えなかったらしい。釉薬《ゆうやく》やきれいな絵付けがある食器をめでる文化はあっても、素材そのものの

もち味を生かすことがカッコイイ、という日本の文化は、当時、理解しがたいものであったらしい。最近は中国でも素材感をめでる価値観が広がり、裕福な人が日本の器を買いあさっていると聞くけども。

千利休の、渋いものほどカッコイイ、という「思枠」がいかに画期的だったかを示すエピソードは、ルソンつぼだ。納屋助左衛門《なやすけざえもん》という貿易商がルソンつぼを秀吉に見せたとき、千利休がいたく感動し、これは素晴らしい、と賞賛した。すると、諸大名がこぞってルソンつぼを手に入れようとし、破格の高値で取引されるようになった。ところがそのルソンつぼ、生産国のフィリピンでは便器として使われるものであったという。

しかし利休は恐らく、そんなことはお構いなしだったのだろう。自分の考える美はこれだ！　という明確な「思枠」を提示し、その結果、江戸時代を通じて侘び寂びの文化は庶民に至るまで定着し、渋い美意識が日本では根づいた。

最近は、スローライフ、スローフードといった言葉が聞かれるようになった。社会が猛スピードで変化するのについていくのがカッコイイ、だったのが、心ゆったりと、日常を楽しむスローさかげんのほうがカッコイイ、という提案がなされたわけだ。

バブルの頃までは新しくて華美なものがもてはやされていたが、最近は人気のカフェに行くと、流木がドアの取っ手に使われていたり、テーブルは古びたアンティークだったり、店自体が古民家だったり、味のある店作りとなっている。スローライフという提案（思枠）がなされて、それをカッコイイと感じる人が増えてきている証拠だろう。そうしたものを好む人は環境意識も高く、大量消費に疑問をもち、ひとつの品物を大切に使うことが多い。

大量消費社会を批判し、悔い改めよ！　と叱られるとショボンとするし、マジメな人以外はついていきづらいが、物をもたず、日常を丁寧に大切に暮らすことをカッコイイとされたら、取り組みやすくなるのは、私だけではないようだ。

「カッコイイ」という思枠をデザインし、みんなで楽しみながらワイワイ取り組めるようにするのも、また一興ではないだろうか。

まとめ

- 「悔い改めよ」式はまじめな人しかついてこない。
- カッコイイをデザインできれば、人々は自発的に行動様式を変える。

「人」から「ルール」にずらして発展した国

気まぐれに指示がコロコロ変わる上司の下だと、働きにくい。こういうときはこうすると決めてくれ！　と言いたくなるだろう。これは今も昔も、一緒らしい。しかし、昔の人は「権力者が気まぐれで何が悪い？」という感じだったから、本当に大変だったようだ。ルールをきちんと定め、守ることが国を豊かにするという「思枠」の発見には、時間がかかった。

ルールを定め、きちんと守ることの大切さが認識された最初のきっかけは、管仲《かんちゅう》という人物による改革ではないかと思う。管仲は法律を庶民にではなく、君主や貴族に守らせるという、それまでには思いもよらない斬新なアイデアを提案した。それまで君主や貴族は身勝手に庶民から財産を奪っても罰せられることはなかった。だから庶民は安心して暮らせなかった。

しかし管仲の改革で君主や貴族が法律を守るようになると、庶民は「ルールを守れば頑張った分だけ儲けが手元に残る」と信じられるようになった。これで庶民の勤労意欲が高まり、国の経済が急成長した。つまり、法律が「庶民をいじめるもの」から「庶民の生活を守るもの」に変わった。この成功はのちに法家という、法律の有効性を信じる学派を生むきっかけにもなった。


ただ、後に行き過ぎが起きた。法律をとことん利用して国力を高め、中国全土の統一に成功したのが、秦の始皇帝だ。しかしその後、法律が細かくなりすぎ、「庶民を守る」どころか「庶民を苦しめる」ものに変質してしまった。細かすぎる法律を庶民は嫌い、秦帝国は短期間に崩壊した。

その後現れた劉邦《りゅうほう》という人物は、法律を「殺すな！　傷つけるな！　盗むな！」のシンプルな三カ条（法三章）にして庶民に歓迎され、漢帝国を建設できた。漢帝国が前漢、後漢あわせて400年も王朝を維持することができたのは、法律を「庶民を守るため」のものとする原則を大切にしたからだろう。

ルールや法律は、誰もが納得できる「思枠」の姿を明確化したものだ。ルールを破れば牢屋行き、だけどルールの中でまじめに働けば家族と楽しく暮らしていける。ルールが自分たちを守るためのものだと、みなが守りたいものになる。管仲が「まじめに働きさえすれば、権力者から強奪もされずに、豊かになれますよ」という「思枠」と法律をデザインしたのは、まさに革命的なことだったといえる。

法律やルールには、その内側に「自由」が確保されている必要がある。法律は大多数の人に迷惑や損害をもたらさないように最小限のことを明文化し、それさえ守れば自由、という設計のされ方が大切だ。そうすると、ルールの中で自発的に工夫を始める。

会社で定める規則も、社員をがんじがらめにするために定めるのではなく、工夫することに夢中になるような設計がなされるべきだろう。俳句が五・七・五という制限を設けることにより、かえって無限の表現を楽しめるように、「制限の中の自由」は、むしろ工夫をうながす不思議な効果がある。

まとめ

- 法律は本来、権力者から庶民を守るためにデザインされたもの。
- 法律やルールは巧くデザインすると、俳句のように「制限の中の無限の自由」を楽しめ、工夫が工夫を呼ぶ活気が生まれる。

メリットを増やすよりデメリットを減らす

チンギス・ハーンが建設した世界帝国・元で宰相を務めた耶律素材《やりつそざい》は、「一利を興すは一害を除くに如かず」という言葉を残している。新しいメリットを生み出すより、ひとつのデメリットをなくすほうが高い効果を示す、という意味だ。

日本社会では、細かいルールがどんどん増殖中。何か事件や事故が起きたら、未然に防ぐためにこれを禁止しましょう、新たにこんな対策を追加しました、と、対策やルールを無限に増やし、守りきれないルール、仕事ができないほど手をとられる対策が増えている。いまの日本で必要なのは、新たなルール、新たな対策という「一利」ではなく、ルールや対策を吟味し、守りやすく、事件や事故を最小限にもでき、それでいて裁量権や自由度が高くなるように取捨選択することではないか。つまり、「一

害を除く」ことが大切だ。

恐らく秦が統一後、どんどんルールを増やしていったのも、よかれと思って始めたことなのかもしれない。いまの日本社会も、いじめの問題や虐待の問題、労働安全の問題などの対策に、次々とルールや対策を付加している。あくまで、そうした悲しい事件や事故を防ごうという善意から出発している。

しかし善意だからと言って、よい結果が生まれるかどうかは別の話だ。「一利を興す」という思枠から、「一害を除く」という思枠へ。ルールと対策の適正化というのは、どの職場でも進められるべき課題だろう。どこかで立ち止まらないと、秦の滅亡と同じ道をたどりかねない。

まとめ

- **新たなルールを作るより、古いルールを整理するほうが効果は大きい。**
- **新たなメリットを生もうとするより、古くからのデメリットを見直すことのほうが有効。**

選択陰圧

私のところに来る学生に、決まって出すクイズがある。「邪魔な木の切り株がある。これを微生物の力で取り除くには?」というもの。

少し専門知識があると、木材には分解しにくい成分（リグニン）があるから、それを分解できる微生物をみつけてぶっかければ？　という答えが出てくる。実際、こうした研究発表が学会でも盛んだった時代があった。

ところがこの方法はうまくいかない。試験管の中では効率よく木材を分解する微生物でも、切り株にぶっかけて3日もしたら跡形もなくその微生物が消えてしまう。土着微生物に駆逐されるからだ。スーパー微生物で解決しよう、というプラスαな考え方は、どうもうまくいかない。

ところが、面白い方法がある。切り株の周りに肥料を撒《ま》くというもの。すると、数カ月すると切り株はボロボロに腐ってしまう。土着微生物たちの攻撃を受けて。

なぜそんなことが起きるのか。実は、肥料には炭素以外のあらゆる養分が含まれている。このため、土着微生物は「炭素さえ手に入ればパラダイスなのに」という環境に置かれる。「炭素欠乏症」に擬似的に陥るわけだ。すると、「ここに炭素のカタマリがあるじゃないか!」となる。木の切り株だ。やがて、切り株からみんな(土着微生物たち)のために炭素を切り出すのが得意な微生物が頑張りだす。その微生物を支援しようと、肥料から養分を運ぶ微生物が現れる。こうして、生態系全体が切り株を分解する方向に駆動し始める。

この方法は、石油タンカーの座礁事故でも応用されている。石油が岩礁にベットリ付着した場合は、肥料をふりかけてやると、速やかに分解する。擬似的に炭素欠乏に陥った土着微生物たちが、炭素の塊である石油を分解し始めるからだ。

私は、擬似的に欠乏状態を作り出すことで、その欠乏を埋めるように集団が動き出すよう環境をデザインする方法を「**選択陰圧**」と呼んでいる。この方法は微生物だけでなく、人間にも、あるいは分子の動きにも有効だ。

これは、「ダムにアリの一穴」と同じ現象だ。ダムにアリの穴のような小さな穴でも開くとそこから水が噴出し、ダムが決壊してしまう。水分子も、周りが圧迫される中で陰圧の場所があれば、そこに群がっていく。人間も水も微生物も、陰圧に向かって集団が動くという意味では、よく似ている。

ところで、この「思枠」に似た方法で、子どもに勉強させようとする親御さんは多い。テレビはダメ、ゲームはダメ、友達と遊ぶのもダメ、家事もしなくて結構、あなたは勉強だけしていればいい、という包囲網で、勉強に追い込み漁をするケースをときどき見かける。職場でも、社員をルールとノルマでがんじがらめにし、働くほうへ追い詰めようとする会社があるようだ。

しかし「選択陰圧」がうまく働くには、メンバー全員が楽しく活気ある形で動ける「自由」がなければならない。水に丸くなれ、四角くなれと命令し、殴ったり蹴ったりしても水はその形に決してなろうとしない。水に望ましい形になってほしいなら、丸い器や四角い器を用意し、あとは水が自発的に動くことを待つ姿勢が必要だ。

水も微生物も人間も、楽しく豊かに生きていたいと願うものだとすれば、「陰圧」の向こうに楽しい希望が必要だ。そっちに行くと楽しそう、自由がある、という方向に、人は進む。勉強だけに追い込もうとしたら非行に進んだり、必死に働かせようとしたら転職してしまったりするように、楽しくない状態に押し込められるものではない。ルールや仕組みは、その中の自由を楽しめるものに設計されるべき。あなたの心と健康を損なうような**「思枠」には、必ずしも従わなくてよい、と考えることも大切**なことだ。

まとめ

- **心と健康を蝕む「思枠」なら、それに従うこと自体を見直したほうがよい。**
- **集団を動かしうる陰圧は、楽しいものにデザインされている必要がある。**

「どうせ」を「どうせなら」に

「おくりびと」という映画が以前、話題になったが、その原作ともいえる作品が『納棺《のうかん》夫《ふ》日記』（文春文庫）だ。納棺夫とは、亡くなられた方の遺骸を洗い、棺桶に安置する仕事をする人のことだ。

『納棺夫日記』の筆者は、その仕事をすると言ったとき、親戚から勘当《かんどう》を言い渡されたという。当時、そうした仕事はみんながやりたくない仕事、誇れない仕事だと思われていたためだ。

ところが筆者は、どうせ仕事としてやるなら、本腰を入れて取り組もうとした。真っ白な白衣を着、丁寧に優しくご遺体を洗い、心をこめてご遺体を棺桶に安置するようにしたという。すると、「私が死んだら、あなたにお願いできないだろうか」というご老人が出てきた。そのうち、お坊様でもないのに、両手を合わせて拝まれるようになった。

「どうせ」死んだ人、世間からバカにされている仕事、と投げやりになるのではなく、「**どうせなら**」心をこめて取り組もうとしたことで、最近は誇り高い仕事として認識されるようになり、冒頭にも指摘したように、映画化までされた。

阪神大震災のとき、私は義援活動に行っていた。地震が起きたのは1月。寒い時期でもあり、大量の毛布が全国から送られてきてありがたかったのだが、やはり使い古しが多く、ひどく汚れ、捨てるつもりのものだったな、というものも多かった。被災者の皆さんは当然、新品をほしがった。

ところが、中古なのに新品より人気の毛布があった。その毛布には次のような手紙が入っていた。「この毛布は使い古しで申し訳ないのですが、なるべく気持ちよく使っていただけるよう、3日間日に干しておきました。こんなものでよければお使いください」。

「どうせ寒いんだから、中古でもいいだろう」という意識が見える毛布も多かったなか、その手紙が入った毛布は「どうせならなるべく気持ちよく使っていただけるように」という心がこもっていたと感じたのだろう。

「どうせ」と吐き捨てるように扱うと、それなりの扱いしか受けない。しかし、「どうせなら」と考え、心をこめて取り組むと、その仕事は周囲から見ても光り輝く。

これまでの著書にも書いたから詳しくは繰り返さないが、看護士という仕事も、「どうせ」から「どうせなら」への転換によって、尊敬される仕事に変わった事例のひとつだ。

ナイチンゲール以前の看護士は、患者の汚物で汚れた格好をすることが多く、蔑《さげす》まれていた。しかしナインチンゲールは「どうせなら」患者に快適で清潔な環境を、と心をこめて取り組み、尊敬される職業に変えたばかりでなく、患者の死亡率を劇的に下げた。「どうせ」血や吐いたもので汚れるから、として、患者は不潔な環境に置かれ、それによる二次感染で死亡していたのだが、「どうせなら」徹底的に清潔な環境を整えることで、二次感染を防げるようになったからだ。
「どうせ」という思枠から「どうせなら」の思枠にシフトすると、さまざまな仕事が生まれ変わる可能性があるように思う。

まとめ

- 「どうせ」と見下されている商品を「どうせなら」の思枠で生まれ変わらせれば、画期的な商品になる可能性がある。

使用場面を変えてみる

思枠を創造する方法として、「**リボジショニング**」という方法がある。使用場面を変えると急に輝きだす商品やサービスがあるという考え方だ。

昔、刻み海苔《のり》を簡単に作れるというハサミが売り出されたが、あまり売れなかった。しかしこれを「シュレッダーはさみ」と名前を変え、文具コーナーに置いたとたん、爆発的に売れるようになったという。はさみの形状自体は、たくさんの刃がついている従来と同じもの。しかし名称と売り場を変えるだけで、商品の魅力が正しく伝わり、大ブレークする可能性があることを示している。

農業でも似た話がある。トマトの花にはミツバチが来ないので、人間が受粉作業す

る必要がある。それには電動歯ブラシの振動が便利なことに誰かが気がつき、その後、受粉作業用の振動機が販売されるにいたっている。

「この商品はこういう場面で使うもの」という「思枠」を外し、「振動するもの」という機能面だけを抽出し、その機能を使えるほかの場面を探すと、思わぬ新商品に生まれ変わったということだろう。独自性があるのに冴《さ》えない商品は、場面さえ変えれば突然輝きだす可能性がある。

まとめ

- この商品はこうした場面で使用するもの、という「思枠」を外し、その商品の機能に着目し、活用できそうな別の場面を探すと、思わぬ新商品に生まれ変わる可能性がある。

「ミッション」の思枠

国連難民高等弁務官として活躍した緒方貞子さんは、**ミッション（使命）**を重視していたという。難民が苦難に見舞われているとき、それまではルールに縛られて救出できないと思われていたが、「ルールはミッションに合わせて変更していけばいいの」と言ったという。

国連の組織は難民を救うことが目的。それなのに自分で作ったルールで難民を救えないのは本末転倒。その場合は、過去のルールが現実を想定していなかっただけのだから、新しい知見を加味して、現場に即したルールに修正すればよい、と緒方さんは考え、実践した。

ルールは、組織が機能的に活動するためのマニュアルの意味もある。しかしそのマ

ニュアル（ルール）が現実に適合しなくなると、ルールに従ったら使命を果たせなくなる、というおかしなことになる。その場合は、「ルールには従うべき」という「思枠」から、「ルールは使命を果たせるように常に最適化すべき」という「思枠」にスライドしたほうがよい。

まじめな人は、使命よりルールを守ることを優先してしまいがち。ルールを守ることは大切なので、これは仕方ない。ただ、組織のリーダーは、ルールが使命を果たせないものになっていることに気づいたら、先述の「一害を除くに如かず」の原則にのっとり、ルールを変更する必要がある。

ただ、小器用な人は逆に使命を盾にとり、ルールを平気で破るケースがある。これはこれで困り者だ。その場合は使命の立て方に難がある場合が多い。「みんなが楽しく生きられるように」という思枠から外れている可能性が高い。

ルールは基本、守るべき。ただ、ルールを守ると使命が果たせないという矛盾が発生するようになったら、みんなで協議し、より適切なルールに修正する、というプロセスが必要になる。

ルール偏重では使命を果たせなくなる。使命偏重だと身勝手がはびこり、ルールが守られなくなってしまう。「使命を問い続け、ルールを問い続ける」という思枠が必要なのだろう。

まとめ

- 使命もルールも、随時問い続け、みなが納得できる使命とルールを求め続ける。その際、安易に過去の経験・知恵を否定しないこと。
- 使命と矛盾するなら、ルール改変も考慮する。
- ルールは、使命をみんなで果たすための共有マニュアルのようなもの。

討論、議論、築論の思枠

私は若い頃、田原総一朗氏が司会の「朝まで生テレビ」（テレビ朝日）が好きでよく視《み》ていたのだが、そこでもよく言われていたのは、「日本人は討論がヘタ」ということだった。政治家は演説ができるのだけれど、議論を吹っかけられても「世の中、そんな簡単に白黒つけられるものばかりではないよ」とごまかす人が多かった。

状況が大きく変わったな、と感じたのは、インターネットの登場から。特に、「2ちゃんねる」という掲示板が出たあたりからだろう。相手をやりこめる技術が格段に上がった。自分の欠点はなるべく小さく見積もり、相手の欠点は針小棒大に誇張し、鋭い指摘にはそらとぼけ、相手がたじろいでいるとみたら「議論から逃げるのか！」と追い詰める。非常にたくさんの人が、討論で相手をやりこめる技術をマスターしたように思う。

ただ、多くの人が感じているように、討論は非常に攻撃的で、どうも建設的にならない。相手を黙らせる技術としては優れているが、新しい知を生む技術としては、ちょっと残念な気がする。むしろ、相手の意見を組み入れたほうが新しい世界が切り開けそうなのに、気に入らない部分があるからと全否定してしまったりする。これは残念なことだ。

討論の技術が磨かれたのは、中世ヨーロッパではないかと私は感じている。その時代はキリスト教が支配的で、異端審問がよく行われていた。そこではどちらの考え方が正統かを白黒つけるため、討論が行われた。そのとき、相手の弱点を突き、やりこめる技術が発達したように思われる。正統派はひとつしかない、つまり正解はひとつしかないという考え方で磨かれた技術が討論だから、読んで字のごとく、「相手の論を討つ」ための技術が磨かれたようだ。

ところが、イギリスの思想家、ジョン・スチュアート・ミルは、完全に正しい知識をもてる人間はいない、みな、部分的に正しい知識をもてるのみ、だから互いの長所をもちよることが大切で、異なる意見を潰《つぶ》してはいけない、と「自由論」で述べた。

多様な意見があるからこそ、新しい発見と進歩が可能になる、という、現代の民主主義や科学の基礎となる考え方を示した。

相手の意見を誤りだとしてやりこめることを考える「討論」ではなく、互いに不完全な人間なのだから得意技をもちよって、より改善された知を生もう、という「議論」が意識されるようになるのに、ミルの「自由論」は重要な役割を果たしたように思う。どちらが正解か決着をつけようではないか、という討論の「思枠」から、どちらも完全な正解を知ってはいないのだから、互いに得意なことをもちよってより正解に近似の答えを一緒に探そうとする議論の「思枠」にシフトする時代へと移り変わった。

ミルとそっくりな考え方を科学に応用した人物がいる。カール・ポパーという人だ。この人が面白いのは、「こういう証拠が出てきたら、潔《いさぎよ》く自分の主張を引っ込めます」という反証可能性を示すように、と提案したことだ。

自分の意見は絶対正しい、なんてことはあり得ない。せいぜい、「この前提が成り立つなら自分の主張は正しい」ということが言えるだけ。もしその前提が覆《くつがえ》る（反証）なら、自分の主張も覆ってしまう。意見というのはどれもそういうものだから、必ず反証可能性を用意するように、という提案だった。

逆にいえば、反証が出てこない限り、「まあまあ、信じてよい」ことになる。あえて疑う必要はない。デカルトの「疑う」の不毛な提案につきあわなくてよくなった。

このポパーの提案は、科学の世界をとても建設的なものにした。昔は科学の世界でも権威といわれる人がふんぞり返り、自分の研究成果にケチをつけるかのような発表をする若者がいたら「君はこれを読んだことがあるかね？　ない？　そんな不勉強でよくそんな偉そうな口が聞けるものだね」といって、叩き潰すシーンが結構あったという。

ところがポパーの提案が普及するに従い、どんなに業績を上げた人も反証可能性を示さなければならないから、反証を若い人が示したら、潔くそれまでの仮説をひっこめるようになった。議論が建設的になった。

話し合いをするのに、「相手の論を討つ」（討論）ことに一所懸命になるのは、不毛に思う。それよりは、建設的に話し合ったほうがよいだろう。ところが「討論」と「議論」という言葉はよく混同されていて、「議論」という言葉を使っても討論のことだと思われて、議論は全部嫌いという人が多いのが実情だ。

そこで私は、「**築論**」という言葉を提案している。トンカチに「お前は木も切れないのか！」と罵るのが討論だが、それは生産的とはいえない。ノコギリに「お前はクギ一本打てないのか！」とやじっても、なんの得にもならない。それよりは、クギを打てるトンカチの特徴、木を切れるノコギリの特徴をもちより、家を一緒に建てることのほうが建設的だろう。築論は、互いの長所を活かし合う話し合いだと思っていただくとよいだろう。

異なる意見が出てきても、それは「別の視座を提供してくれた」と喜び、刺激しあって新たな発想を構築するとよい。

「群盲象をなでる」ということわざがある。目の見えない人たちがゾウの体の一部分を触り、めいめいが「ヒモだ」「カーテンだ」「大きな筒だ」「丘だ」と言ったという話。もし「討論」すると、誰か声の大きい人、屁理屈のうまい人が全員を言い負かし、「そうです、これはヒモです」という決着になってしまうかもしれない。

けれど誰かが「私たち、同じものを触っているんだから、一緒に考えようよ」と声をかければ、それらの特徴をすべて備えるものっていったい……と、思考が新たなステージへ進む。そして「もしかして、これがうわさに聞くゾウじゃないか！」と、思い至る。

互いの、部分部分の知識をもちより、正解に近づいていくやり方は、科学の営みそのものだ。そして、民主主義の方法そのものでもある。建設的な議論を「築論」と名づけ、互いに部分知をもちより、より大きな知見を得る工夫を始められたらと思う。そうした「思枠」にみんなで移れれば、討論で相手を討つばかりの不毛な話し合いから、みんなで協力して新しい解決法を生み出す、次のステージに進めるように思う。

まとめ

- 相手の論を討つことばかり考える討論ではなく、自分の意見と相手の意見を総合的に捉える築論に思枠を移そう。
- 複数の人が知識をもちよって新たな思枠を創造するには、築論することが必要。

「訊く」ことによる思枠の創造

会社で嫌なことがあって、大変怒っている人がいた。その人に、タイプの異なる二人がそれぞれ相談に乗った。

最初の人が話を聞くと、相手は次々に嫌なことを思い出し、大声で「あいつは！」と罵る、地団太を踏む、とうとう話を聞いている人にまで、「あんたに俺の苦労は絶対分からん！」と攻撃する始末。話をひたすら聞いていたのに、落ち着くどころかむしろ激高するばかり。

バトンタッチして、別の人が話を訊《き》いた。すると、「そうか、そう考えることもできるよなあ」「そういえば、俺、あのときこんなことがあって」「まあ、あいつも不愉快だったんだろうけどさ」と、理解を示す場面まで現れてきた。最後には「ありがとう。もうちょっと考え直してみるよ」と、落ち着いて、晴れ晴れとした顔。

横で聞いていて、二人の聞き方にどんな違いがあるの考えてみた。前者は「聞く」だけだったが、後者は「訊く」ようにしていたことに気がついた。

前者の相談相手は、ただ話を聞いているだけで、怒っている人が抱いている「思枠」の外から一歩も出られなかった。そのために、怒りの感情をそのままグルグル繰り返すだけで終わっていた。

後者の相談相手は、ただ話を聞くだけではなく、相手の話した内容からキーワードを抜き出し、それについて「訊く」ようにしていた。「へえ、そのときどんなことを言ったの?」「なぜその人はそんなこと言ったんだろう?」「それについて、あなたはどう思っているの?」「次、同じことが起きたらどうしたらいいと思う?」。相手の話したことからひとつキーワードを拾っては、そのことについて詳しく訊いてみる。そうすると、キーワードからキーワードへ連想が続き、「怒りの思枠」から徐々に外れていく。**連想に継ぐ連想ゲームによって、もとの思枠から離れた別の思枠の存在に気づくことができるようになる。**

もうひとつ、違いがあった。前者の相談相手は、怒っている人の「思枠」とは別に自分の価値観（思枠）をもっていて、「そんなの、世の中によくあること」「そんなことで怒っていたらキリがない」と、怒っている人を「評価」していた。それで「お前には俺の気持ちがわからない！」と言って怒らせてしまっていたようだ。つまり、「思枠」に「思枠」を叩きつけ、こちらにワープしろと無理を言うから、かえってこれまで通りの思枠にしがみついてしまったようだった。

後者の相談相手は、怒っている人に賛成も反対もせず、自分の中に思枠（評価軸）をもたないようにしていた。それぞれの出来事、行為の評価はせず、「あなたはどう思う？」「これについてはどう思う？」「次はどうしたらいいと思う？」と、「訊く」ことで思考をうながし、本人に任せていた。

相談の思枠

相談に乗るときは、相手の言葉からキーワードをひとつ選び、それについて深掘りするように「訊く」ことだ。

「あなたがAをした理由はなんだったのか」「あなたはBについて、以前はどう思っていたのか」「Cはどうしてそんなことを言ったのだろう」……相手の口から漏《も》れてきた言葉を取り上げ、話してもらい、話してもらった内容からまたキーワードを拾い、それについて訊く。すると、自分独りで考えていたときとは比べ物にならないほど、深く広く思考が進んで、怒っていたこと、つらかったこともOne of them（たくさんある物事のひとつ）として冷静に受け止められるようになる。ちょうど、光る点を目で追いかけてトラウマになった出来事を話しているうちに、ＰＴＳＤが軽くなるＥＭＤＲという治療法と同じように。

これはこれまでの著書で既に述べたことだから詳しくは繰り返さないが、ソクラテスの「産婆術」と呼ばれる問答法とそっくりだ。相手が話した内容のキーワードのひとつに興味をもち、相手に「訊く」。それを説明する言葉からまたキーワードを拾い、「訊く」。これを繰り返していくと、思枠がズレにズレていき、それまで思ってもみなかったような思枠にたどり着くことができる。

ソクラテスは、無知な者同士であっても、互いに話すキーワードを拾っては「訊く」ことを繰り返すと、どちらも考えたこともない新しい発想や着想を得ることができることに気がつき、それを「産婆術」と呼んでいた。赤ちゃんの誕生を助ける産婆のように、「訊く」ことで思枠をずらし、やがて新たな思枠を創造する方法だ。

この技術は、現代ではコーチングと呼ばれ、5W1Hなどというオープンクエスチヨンとして整理されている。

ここで、ただ「聞く」ことに陥らないようにするために必要な工夫がある。それは、話している人の「思枠」からずれていこう、と意識することだ。

本書の最初のほうで紹介したが、嫌なことがあった人は、嫌なことを思い出すと、いま目の前に相手がいるかのように怒り出し、罵るようになることがある。自分の吐いた言葉に刺激されて、次の怒りが表れるといった形だ。

相手が自分の怒りの思枠に没頭しようとするのを避けるためにも、「あ、怒りが増幅しそうだな」と感じたら、相手の話したキーワードの説明をしてもらうこと。すると、怒りの「脳内サーキット」を回ることに集中できなくなり、キーワードを説明するために頭脳を使うことになる。そうするうち、脳内サーキットから離れていく。

産婆術は、複数の人が話し合い、新しいアイデア、思枠を見出すのにとてもよい方法なので、ぜひ練習してみてほしい。

まとめ

- ただ「聞く」のではなく、相手の話した言葉からキーワードを拾い、それについて「訊く」（質問する）。
- 相手の思枠の中だけで話を進めるのではなく、思枠をずらしていくように意識して「訊く」こと。
- 自分の思枠で相手の思枠を断罪したり評価したりしないように。
- キーワードからキーワードへ、連想を続けていく方法は、無知から知を生む産婆術にもっとも近い方法。

思枠を「やり遂げる」力

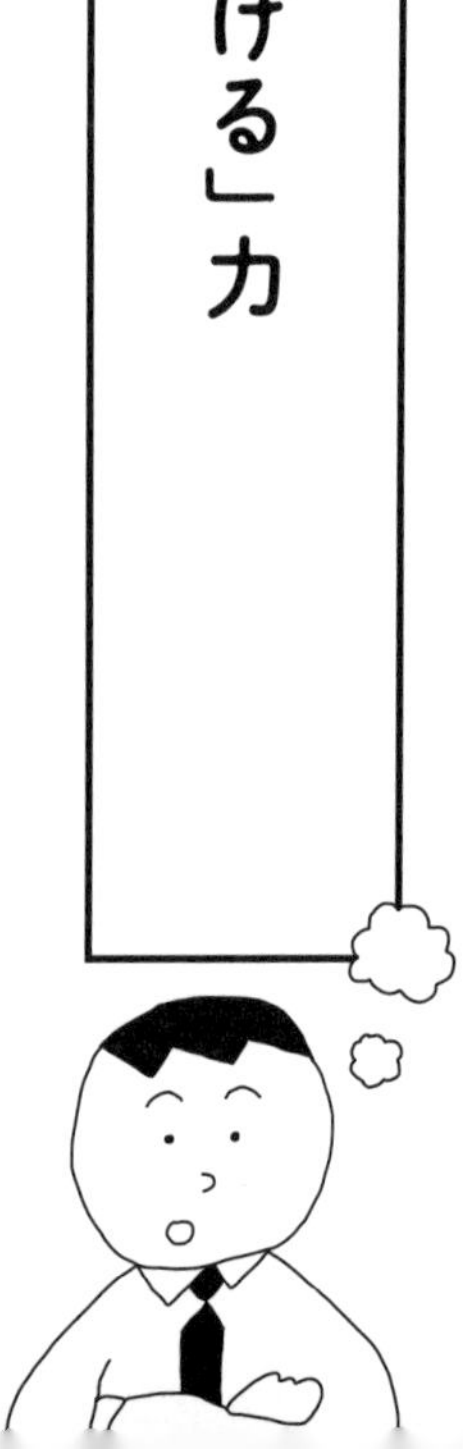

ここまで、思枠を創造する、デザインする方法について考えてみた。しかしいくら思枠を創造しても、それを実現しないのでは「絵に描いたモチ」だ。新しい「思枠」を実現するには、やり遂げる力が必要だ。

西原理恵子氏『毎日かあさん』で、まったく家事ができなかった夫を、育児も家事も全部こなすデキル夫に生まれ変わらせた事例が紹介されていた。

それによると、夫は当初、服を脱ぎ捨てながら風呂に入るクセがあったらしい。普通の女性なら「洗濯カゴに入れるくらいやりなさいよ！」と怒鳴るところ。ところが女性は「靴下だけ洗濯カゴに入れてくれるとうれしいな」から始めた。夫が靴下だけ洗濯カゴに入れると、「わあうれしい！　助かるわ。ほかの服ももしできたらお願いね」と言って、少しずつ、本当に少しずつできることを増やし、ひとつできたら大げさに驚き、感謝したという。すると、自ら進んで家事でも育児でも積極的に関わる理想的な夫に育ったという。

この女性、実は、ゴリラなどの野生生物を観察する生態学者だった。夫の生態を観察し、できることを少しずつ増やすしかないと一種のあきらめの「思枠」を採用し、動物の調教と同じように、少しずつ自発的に行動できることを増やしていったのだろう。

しかし、言うは易《やす》し、行うは難《かた》し。そうするしかない、と分かっていても、できない夫に腹が立つのが普通だろう。しかし生態学者だから、「観察」結果を踏まえて早くにあきらめ、粘り強く状況を改善する思枠を採用するしかないと腹をくくったのだろう。『毎日かあさん』で紹介されている女性がすごいのは、途中で腹を立てずにじっくり夫を育てる「思枠」を放棄せずに、ずっと維持できた粘り強さだ。

私は以前から、「実際にトマトを収穫するロボットゲームを開発してはどうだろう」

というアイデアをいろんな人に話している。仕組みの単純なロボットアームと、安価なカメラをつける。そして、ネット上の参加者がロボットを動かし、24時間いつでもトマトを収穫できるというゲーム。トマトを収穫できたら、実際に賃金を支払う。

こうしたゲームなら、たとえば寝たきりで働けない人でも農業に参加できるし、高額な人工知能や精巧なロボットアームを開発しなくても、ゲームの参加者自身がコツをつかみ、どんどん巧《うま》くなってくれるだろう。農家は栽培管理に専念でき、収穫はネットゲームの参加者に任せればいいことになる。福祉園芸にもつながるアイデアではないかと考えているが、実現していない。私も含めて誰も、ゲーム会社やロボットアームの企業、農家などに声をかけ、実現に向けて動く人が現れないからだ。アイデアというのは、実現するまで粘り強く活動する人がいてこそ、実現する。

私の知人に、学生のうちに企業に職場体験するインターンシップを実現したい、と言っていた人物がいた。私もその人も当時は学生で、私は正直なところ、実現できないと思っていたので、バカにしていた。ところがその知人は粘り強く活動し、いまではどこの大学でも実施されている仕組みになっている。最後までやり遂げることが大事なのだな、と思い知らされた。

また、同じ頃、やはり学生で政治家になりたい、と言っていた友人がいた。何の地盤も血縁もコネもない。なれるわけないだろう、と思っていたら、3人が3人とも、少なくとも一度は国会議員になった。きちんと口にして言ってみるもんだな、そして愚直に努力し続けるもんだな、と感心した。


こうした友人たちに触発されてか、私も何か実現したいと思った。いま勤めている研究所に入ってすぐ、水耕栽培では有機質肥料は使えない、過去の研究者はみな失敗している、と聞いた。生ゴミなどの有機物が入ると水が腐り、腐った水では根が傷《いた》むので、植物が育たないのだという。

けれど土の栽培だと、生ゴミを肥料にして植物を育てられるのだから、なんとかなるはず。同じように考え、世界中の研究者がチャレンジしたのだが、水が腐る問題をどうしても解決できず、NASAのケネディ宇宙センターも7年間、Breadboard project と題して研究したけれど、結局は失敗に終わった。

私はなんとかならないかな、とずっと考えていたが、すぐには解決法が思い浮かばなかった。5年間考え続けて、「あ、日本酒の造り方がヒントになるのでは？」「硝化菌という大事な微生物が生ゴミを入れると死んでしまうけれど、生ゴミの量を減らせばなんとか死なずに済むのでは？」というアイデアが少しずつ見つかってきて、ようやく実現にこぎつけた。140年以上前に水耕栽培が開発されて以来、不可能とされていたことが可能になったとして、注目を浴びた。しかし、そこには突然のひらめきや発見があったわけではない。何とかできないか、と愚直に考え続けてきたから、ヒントがひとつずつ見つかってきたのだろう。

こうした「愚直さ」は、近年、「グリット（Grit）」と呼ばれている。社会的に成功を収めた人の共通点を探っていくと、知能指数や学校の成績とは関係がなく、実現するまであきらめず、粘り強く続ける力、「グリット」こそが重要なのだという。

アイデアマンになることは比較的容易だ。だが、アイデアが形になるまで粘り強く取り組むことは、非常に難しい。たくさんのアイデアを思いつくよりもひとつのアイデアを実現するほうが、社会に大きなインパクトを与えることができる。社会を変革したと言われる人は、この粘り強さに長《た》けていることが多いように思う。

アイデアが豊富だとか、能力があるだとか、そういったことを高く評価する「思枠」よりも、実現可能だとは分かっていても誰も手を出さないものに自ら手を上げ、粘り強く活動することを評価する「思枠」のほうが、社会を活性化できるのかもしれない。本書は不器用者のための本だが、**不器用な愚直さのままのほうが面白い、という「思枠」がある**ことも、ぜひ知っておいてほしい。

まとめ

●いろんな「思枠」に目移りする器用さよりも、ひとつの「思枠」を実現するまで粘り強く取り組むことのほうが、画期的なことを実現できることがある。

思枠創造の注意点……無理をしないこと、余裕を確保すること

思枠をデザインし、創造する際に注意する必要がある。**実践に無理がないこと、余裕をつねに確保できるデザインにすること**だ。

そのことを、出産直後の授乳を例に考えてみよう。

赤ちゃんを育児中のお母さんたちは、「育児がこんなにしんどいって聞いていなかった」という人が結構いる。大変な仕事をこなしてきたキャリアウーマンでも音を上げるつらさだったという。

そのつらさのひとつが、出産直後から続く「不眠」。分娩や帝王切開で傷が痛むのに、3時間おきの授乳を強いられる。出産前は「授乳に1時間かかっても2時間眠れ

る。1日に8回転だから、2かける8で16時間眠れる！　余裕余裕！」と考えていたら、とんでもない。

まず、赤ちゃんは最初、母乳を飲むのがヘタクソ。飲むのに疲れて眠ってしまうことも。すぐ空腹で泣くので、3時間どころか1時間ごとの授乳になる場合も。

粉ミルクは熱湯でないと溶けないし、人肌まで冷やすのに時間がかかるし、飲んだ後のゲップがなかなか出ないし、しかも頻繁にオムツが濡れる。あれ？　もう次の授乳時間！「いつ眠ればいいの？」と、絶望的になる。

しかも、生まれたばかりの赤ちゃんはあまりにか弱く、静かに眠っていると「呼吸してる？」と確認せずにいられない。か弱き命をつなぎとめようと必死で、おちおち眠っていられない。このため疲労困憊、極端な不眠に陥る。

最強の拷問《ごうもん》は「不眠」といわれる。不眠の拷問を受けると、死刑になってもいいから一眠りさせてほしいと願うようになるという。そんな拷問と同じ状態が出産直後から続く。

ここで見直したいのは、「思枠」だ。出産前には、自分が家にいるんだから家事も育児もしっかりやらなきゃ、と、自らに「思枠」をはめ、それに従って行動しようとしてしまう。しかし、その「思枠」には無理がある。極端な不眠と疲労を抱えて家事や育児をこなせるものではない。

私個人の考えでは、育児で最も大切なことは、「笑顔で育児をすること」だ。もし笑顔が奪われるほどに余裕を失うくらいなら、たとえ必要な家事であろうと徹底して手を抜くこと。そして、人間なのだから、「楽しむ」ことを決して放棄しないこと。

子どもは、特に赤ちゃんは、決して大人の期待通り（「思枠」どおり）には動いてくれない。そんな頑是《がんぜ》無《な》い子どもの振る舞いを笑顔で受けとめるには、親の側に相当な「余裕」が必要。「よき母親でいよう」と考える女性が多いから、つい頑張ってしまうけど、あまりの不眠に頑張りが利かず、そのことで自分を責めてしまう頑張り屋さんがとても多い。

お母さんが笑顔でいるためには、力こぶの入れどころを、それまでの「思枠」とはまったく違う形にする必要がある。それは、「笑顔でいられるように、どれだけ手を抜くか」を徹底追求するという思枠。それまで多くの女性は逆だったはず。「手を抜かずにきちんとする」という「思枠」に従ってきたかもしれない。けれど育児の場面ではまったく逆転させて、「笑顔でいるために、手を抜けるところは徹底して手を抜く」という、それまでとは正反対の「思枠」が必要になる。

これを実現するには、あらかじめパートナーの夫とも相談し、ワンオペを回避する工夫が大事になる。最優先課題を「笑顔で育児」とし、誰かの力を借りることをいとわず、夫だけでなくご近所や親戚、公的サービスなど借りられる手は全部借りて、余裕を確保し、少しでも休めるように工夫すること。

もうひとつ、「思枠」を変えておく必要がある。「自分のやり方」を夫に求めないことだ。食器の洗い方、洗濯物のたたみ方が自分と違うと、修正を求める女性もいるようだ。しかし、仕事の仕方は人それぞれで違って当然。自分なりのやり方を許してもらえないと、男性も家事を担当しづらい。

上司と部下の例では、部下がモタモタしていると「もういい！　自分がやる！」といって任せたはずの仕事を取り上げ、結局、上司がひとりでがんばってしまうチームがある。これではチームとして力が発揮できない。任せた限りは、本人のやり方を認めること。そうした「思枠」を採用する必要がある。ヘタに見えても「最初は誰でもそんなもの」と、長い目で見守り、成長を待つ気構え、つまり「思枠」をもっておくほうがよい。

「思枠」をどう据《す》えるかで、自分を追い詰めもすれば、余裕を確保することにもつながる。自分の設定した「思枠」が適切かどうか、つねに検証することが求められる。

まとめ

- **思枠をデザインする際には、余裕を必ず確保すること。**
- **余裕とは、意識的にこじ開け、確保するもの。**

第5章

「思枠」を実践してみる

思枠を実践するには？

これまで、思枠を操る方法について考えてきた。

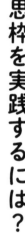

ここからは、「思枠」を制御し、現場を乗り切るためのケーススタディを考えてみよう。「身近な思枠」と「遠大な思枠」の二つに分けて話を進める。

流れを受けとめ、一気に変える

会議で、ある人がみんなからつるし上げにあっていた。お客さんに約束した品質を提供できず、その全責任がひとりの人間に押しつけられようとしていた。

ただ、その人は量産技術を開発したのであって、高品質を目指したものではなかった。ところが幹部の連れてきたのは、高品質を求めるお客さん。「高品質な商品を提供できなかったお前の責任だ」と開発者に責任を押しつける会議となっていた。お客さんの怒りをしずめるには、誰かを生贄《いけにえ》にせざるを得ないという共通認識があるためか、その生贄に自分はなりたくないと思うせいか、みんな押し黙ったまま。幹部は「あれもしなかった、これもしなかった」と次々に開発者を問い詰める。開発者は幹部の批判がどうにも納得いかず、反論を続けていたものの、弁護してくれる人もおらず、孤立感を深めていた。

ひとり、会議に出席していた新人が不思議そうな顔をして手を上げ、発言した。「開発者は量産技術を開発し、幹部が連れてきたお客さんは高品質を求めていた。それで高品質の商品が提供できず、お客さんが怒っている、ということですよね？」会議の参加者が一様にうなずいた。

「たとえて言えば、安価で大衆的な量産車を作れますよ、という技術を開発した人に、営業がスーパーカーみたいな高級車をほしがるお客さんを連れてきて、お客さんが品質に不満だと怒ったら、それは営業の責任ですよね。量産技術の開発者に高品質なものを作れなかったと責めるのは、ちょっと筋違い。むしろそんなお客さんを連れてきた幹部のほうが、開発者に謝罪しなければいけない案件のような気がするのですが……」

この新人の発言で空気は一変。幹部たちは口ごもってしまった。そのタイミングで開発者は「もう知らん！　プロジェクトから降りさせていただく！」と会議室を出ていってしまった。つるし上げの対象がいなくなったら会議の意味がない。よく分からない形で閉会することに。

幹部の人たちはカンカンになって怒り、新人に「お前、あんな発言したら、どこに飛ばされても文句言えないよ」と脅した。新人はとぼけた顔をして、「あれじゃ開発者も納得いかないし、しかも処罰なんかになったらみなさん恨まれますよ。ろくなことがない。自分がプロジェクトから降りざるを得ないというのは、開発者も分かっていたはず。責任者を降りたことでお客さんへの格好はつくし、幹部の方々が恥を少し引き受けるいまの形が、マシな落着点だったんじゃないでしょうか。まあ、私は新人で事情がよく分かりませんから、誤解している部分があればご容赦ください」と答えた。

幹部の人たちはそれもそうか、と少し落ち着いて、新人は事情をよく知らなかったとして不問に付し、開発者も「会議の途中で退席したのはけしからん」と叱られただけで済み、お客さんには責任者を替えたということで納得してもらった。

このケースでは新人が最初に、会議で話されていた「思枠」を提示し、みながうなずくのを確認してから、クルマのたとえをすることで思枠に新解釈を加えている。

実際に起きた出来事だけで話し合うと、みんなそれぞれの出来事に思い入れがあるから感情的になりやすい。これに対し、たとえ話は冷静に構図を客観視できる効果がある。晏嬰の「カラタチとタチバナ」の事例とよく似ている。

開発者をつるし上げにする会議のはずが、幹部のつるし上げに変わりかねない空気に逆転させたことは、恨みを買いかねない行為だ。しかし「事情をよく知らない新人」という「思枠」をうまく利用し、すっとぼけて思ったままを口にしただけ、という体裁をとることで、「事情を知らん新人を責めてもおとなげない」という「思枠」

が生じ、うまく幹部からの恨みを買うことを回避している。開発者が責任者の立場から降りることでお客さんへの申し開きも可能になり、開発者は新人とはいえど理解者がいた、ということで気が済み、あとは幹部が少しの恥をしのびさえすれば、万事ことが収まる格好。

この事例は、先に紹介した「裸の王様」によく似ている。「王様は裸だ」と大人が指摘することは非常に危険。お城と取引のある人間なら、なおさら。裸だと分かっていても黙るしかないのは仕方ない。

しかし、裸だと指摘するのが子どもだったら、「子どもに真剣に怒るのはおとなげない」という「思枠」を採用しやすい。

空気を変える、「思枠をずらす」のに適任なのは、しばしば当事者ではなく、事情をよく知らないフリができる第三者だ。薩長同盟の際の坂本竜馬もそうかもしれない。薩摩藩も長州藩も当事者すぎて、過去の経緯を思い出しては、腹が立つやら煮えくり返るやら。それを、当事者ではない竜馬が笑い飛ばすから、「いつまでも怒っているのはおとなげないな」と冷静になれたのだろう。

思枠をずらしたり空気を破ったりするには、事情をよく知る当事者よりも、「当事者じゃないから事情はよく分からんけどね」という第三者的立場のほうがうまくいくこともある、というのは頭に入れておいてよいだろう。

まとめ

- **当事者よりも、「事情に詳しくない」ととぼけられる第三者のほうが、空気を破る（思枠を破る）のに適任なことがある。**

ナチュラル・ステップ、スモール・ステップ

上司から部下の仕事ぶりを見て、こうすればもっと仕事が速いのに、ああすればもっと適切に仕事を完成させられるのに、という思いに駆られることはよくあるだろう。そこで待っていられなくなり、「もういい！　俺がやる！」といって仕事を取り上げてしまったらどうなるか。部下はやる気をなくしてしまうだろう。以後、「私には無理です、どうかお願いします」と言って尻込《しりご》みするようになり、あなたはひとり、仕事を抱え込んでしまうことになる。

仕事ができる上司は、自分の中に「正解」を思い描いていることが多い。あの仕事はこうしたほうがいい、この仕事はこう処理するともっと速くなる、といったような。その「正解」とずれたことを部下がやっていると、つい「違う！　こうだ、こう！」と叱り飛ばしたくなる。その叱責に部下が萎縮して、動かなくなってしまう。

そんなふうに厳しく叱らず、優しく接する形で「正解」を教えようとしても、部下がどんどんやる気をなくすことがある。なぜか。「正解」といまの自分の技能に飛躍があることを部下が感じるからだ。

上司が胸に抱く「正解」は、それなりの試行錯誤を経てようやくたどり着いたもの。上司としては、その「正解」にたどり着くまでに苦労があったので、部下にはその苦労をすっ飛ばしてマスターしてもらおう、と親切心のつもりで「正解」を教えているのかもしれない。

しかし私は、いわゆる**「コツ」がコツであることを理解するには、失敗体験が必要**なのでは、と考えている。もし仮に「正解」を部下が丸暗記したとしても、なぜそれが「正解」なのか納得できず、なぜそれをそうしなければいけないのか理由も分からず、改良するつもりで別の方法を加えてみたら大惨事、ということがあるからだ。

赤ん坊が「歩く」という動作をマスターするには、ハイハイから始まり、つかまり立ちをし、手を離して立ち、伝い歩きをし、そうしたステップを経てはじめて「歩く」ができるようになる。ステップをすっ飛ばして歩くケースもあるにはあるのだが、そうすると転んだときに前に手が出ず、手が出ても頭の重みを支えられず、顔面を強く打って危険なのだという。

上司は親切心で「正解」に一気にたどり着かせたい、という「思枠」を抱いているかもしれないが、部下の真の成長を願うなら、致命的でない小さな失敗も経験してもらい、地力を高めつつ、部下の現在の成長ステージから少しずつ、スモール・ステップで成長してもらうしかない。

スウェーデンでは、1992年のリオの地球サミット以降、環境問題に真剣に取り組み、いまでは環境先進国として知られる。では、スウェーデンは環境対策を一気呵《か》成に進めたのかというと、そうではない。**ナチュラル・ステップ**という方針を最初に打ち立てた。

環境対策はなるべく早く進めたい。しかし、だからこそ、全国民的に進めなければならず、急進的な人が矢継ぎ早に対策を打とうとしてもかえって国民がついて行けずに反発が強まり、環境対策がむしろ滞る恐れがある。だから、国民全体が自然に進めていけるスピード（ナチュラル・ステップ）で環境対策を進めよう、という方針を決めた。じれったいようだが、国民の納得を得ながら進めるので、全国民的に対策が浸透し、その効果が大きかった。スウェーデンが環境先進国になれたのは、いま、自分たちがどのステージにいるのかを冷静に観察し、そこからまた一歩進めばよい、という漸進的な考え方を取れたからだ。

子どもの成長も、部下の成長も、いまのステージからあと一歩だけ前に。そうしたスモール・ステップ、ナチュラル・ステップの考え方で成長をうながしたほうが、結局は成長が早くなる。上司が思い描く「正解」にワープさせようとしたら、「助長」になってしまいかねない。

助長とは、昔の中国で、隣の畑より苗の育ちが悪いのに腹を立てた男が、苗の成長を助けようとしてひっぱり、その結果、根が切れて全部枯れてしまった、という故事に由来する。

「正解」に一気にたどり着かせようという「思枠」は、部下の自然な成長を阻害し、かえって部下の意欲の根を切ってしまうことになりかねない。それよりは部下が

「上司の助けをほとんど借りず、自分自身の力で成長できた」と感じられる（実際には上司のサポートがあっても）ようにすれば、部下は「次も自分の力でなんとか成長してみよう」と意欲を増す。

「早くこのレベルに達してもらおう」という「思枠」を手放し、「部下の成長意欲を最大化するにはどうしたらよいか」という「思枠」に切り替えてみてほしい。

このあたりの話は、拙著『自分の頭で考えて動く部下の育て方』（文響社）や『子どもの地頭とやる気が育つおもしろい方法』（朝日新聞出版）に詳しく述べたので、もしよかったらご覧頂きたい。

儀式、礼のチカラ

皇帝になった劉邦は困っていた。気が荒い将軍たちが多く、皇帝のいる宮殿なのにケンカし、斬り合いになることもしばしば。ケンカをするなと命じても全然効果がない。

そこで叔孫通《しゅくそんつう》という人物が任せてほしい、と願い出た。劉邦が大嫌いな儒者《じゅしゃ》（孔子の唱えた儒教を信奉する人々）だったが、任せてみることにした。

叔孫通の提案に基づき、儀式を導入してみることになった。

厳《おごそ》かな雰囲気、流れる音楽。いつもと違う空気にとまどう将軍たち。整列するようにうながされると、みな素直に整列。言うことを聞こうとしない将軍は儀仗兵《ぎじょうへい》に外へ

連れ出され、「あ、並ばないやつは部屋にいられないんだ」と気づいた将軍たちは、静かに並んだ。

そこに皇帝の劉邦が登場。一堂、礼！　掛け声がかかると、戸惑いながらもいっせいに頭を下げる。食事会に移ってもみんなおとなしく食べて、ケンカが起きなかった。厳《おごそ》かな儀式の空気を感じ、将軍たちは気ままに振舞うことがなくなり、劉邦は「俺ははじめて、皇帝が偉いって感じたよ」と笑い、叔孫通をほめた。

儀式は、うまくデザインされると「この場ではこう振舞うべきなんだな」という「思枠」の存在を参加者全員に悟らせることができ、あれこれ命じなくても自発的にそのように行動する。儒教は、儀式や礼が「多くの人々に思枠のありかを伝える力」をもつことに気づいていた学問のようだ。

もちろん、度が過ぎると儀式や礼は形式的なものになり、いわゆる「形骸化《けいがいか》」が起きる。みなが自然に納得できる形にデザインすることが大切だ。

「思枠」のデザインで自然な振る舞いを誘導する

これは、マクドナルドの注文カウンターでも生かされている方法だ。「いらっしゃいませ、こちらのほうにお並びください」と声をかけるだけで、お客さんは「この列に並んで、自分の番が来たらレジの人に注文するんだな」という「思枠」の存在に気がつき、自然に従う。

美術館に行けば「順路に従ってお進みください」とある。すると、順路に従えば、すべての絵画を鑑賞できるという「思枠」に気がつき、自発的に従うようになる。

儀式や礼とは、細かく説明したり命じたりしなくてもどう振舞うのが適切か、「思枠」の存在に気づかせる装置として優れている。ビジネスでも人間工学（人間が自然に採《と》る行動に沿ったものづくりをする考え方）的な発想が重要だ。スマホが、直感的な指の動かし方で操作ができるのも、利用者が「思枠」に自然に気がつくように設計してある典型だといえる。

あれこれ言わなくても「あ、こういう思枠か」と気づかせるデザイン。それが、ビジネスでも非常に重要だといえるだろう。

面白くないこともおもしろく

高杉晋作の有名な句に「面白きこともなき世をおもしろく」というのがある。なかなか含蓄が深い。この句と似ているのは、トム・ソーヤの次のエピソードだろう。

【ペンキを塗ってちょうだい】

遊びに出る直前におばさんからペンキ塗りを命じられたトム。えー！　友達と遊びにいこうと思っていたのに……。しかしここで、トムは一計を案じた。ペンキ塗りをさも楽しそうに始めた。

通りかかった友人が「ペンキ塗りさせられているのか」とからかうと、トムは「ペンキ塗りは奥が深いんだ。きれいに塗るにはコツが要るんだよ」と、ペンキ塗りに熱中。すると、最初は「おばさんから用事を言いつけられてトムは不満に違いない」という「思枠」を抱いたはずの友人、トムが「ペンキ塗りが面白くて仕方ない」という思枠に熱中していることに気がつき、いつのまにか、自分もやってみたくなった。

「なあ、オレにもやらせてくれよ」と頼むと、トムは「ダメダメ！　経験が必要なんだよ」と断った。トムのその態度で「ペンキ塗りは選ばれし人間にしか許されない光栄な仕事」という「思枠」なのだと感じ、ますますやってみたくなった友人は「なあ、このリンゴをあげるから！」と頼み込んだ。「仕方ないなあ、ちょっとだけだぞ」ともったいをつけたトム。そのうち、通りかかる友人が我も我もとやりたがり、人だかりができた。プレゼントをせしめ、友人たちに偉そうに指示を出すトム。

人間は不思議なことに、ちょっとした受け答えや態度から、相手がどんな思枠を採用しているかを察知する能力があるらしい。トムは「面白きこともなきペンキ塗りをおもしろく」という思枠を採用することで、友人たちに「ペンキ塗りをやってみたい！」という思枠を採用するよう仕向けることに成功した。自分の大事な宝物を差し出してでもやってみたい高貴な仕事、という思枠にみんなが巻き込まれた。

思枠次第で結果は正反対

この方法は、たとえば子どもの宿題にも応用できる。多くのご家庭では、子どもに宿題させるのに苦労する。「今日は宿題があるんじゃないの？ 早くやりなさいよ！」と親が言うと、「いまやろうと思っていたのに、言われたからやる気なくした！」という口答え。「言わなきゃやらないでしょ！ 言ってもなかなかやろうとしないくせに！」これは全国のご家庭の日常ではないだろうか。

このやり取りを「思枠」の視点で分析すると、親自身が「宿題はつまらなくてもやらねばならぬもの」という思枠を抱いていることが分かる。嫌なことならやりたくない子どもは、宿題から逃げたくなる。「言われたからやる気なくした」という発言は、あながちウソではない。実際に宿題をやるのは子どもなのに、「子どもは言わなきゃやらないダメな子、親はやれと命じた立派な人」という「思枠」を受け入れることになる気がしてしまう。だからやる気が失《う》せてしまう。

これに対し、子どもが自発的に宿題をするから、親から宿題しろなんて言ったことがない、というご家庭も存在する。こうしたご家庭のやり取りを分析してみると、声のかけ方だけでなく、「思枠」の工夫が見えてくる。

まず親は、「宿題はしてもしなくてもいいよ」という思枠を採用している。もし宿題をしなかったら親が先生に謝ろう、と腹をくくっている。こうした思枠の場合、子どもが偶然（?）宿題を始めたら、親は驚く。「何も言わないのに、えらいねえ、頑張るねえ」と素直に驚ける。すると、子どもは「誰にも言われないのに自主的に宿題をする偉い子」という「思枠」に気がつき、誇らしくなる。しかも親が驚いてくれるので、宿題をすれば「親を驚かせられる」という思枠に気づく。子どもは親を驚かすのが大好きだから、そんなことを可能にしてくれる宿題が楽しくなる。

親がどんな思枠を採用するかで、宿題の受けとめ方が変わるし、宿題をやる子どもの評価も激変する。宿題をすれば楽しくなる思枠、宿題をやっても楽しいと思えない思枠。どちらがよいかと言えば、前者だろう。

トムの話に戻す。もし友人がペンキ塗りをやりたがった瞬間に「どうぞどうぞ!」と言ったら、友人は早々に興味を失っただろう。トムが「ダメダメ!」と断ったり、「ちょっとだけだぞ」ともったいをつけたりしたから、「ペンキ塗りは素人に任せられない高貴な仕事」という思枠が確立され、友人たちも熱中せずにいられなくなった。

これは仕事も一緒だ。多くの企業はノルマを課し、達成を求めるのが普通だろう。しかしその仕組みから感じられる思枠は「ノルマは義務で、達成してもほめられないし、達成しなければ給料泥棒と罵られる」というものだ。これでは部下のやる気は出てこない。

もし、「この数字を出した人間はまだいないんだ。まあ、無理な話だね」とつぶやきながら上司が部屋の外に出ていったら、「ということは、その数字を出したらすごいことだな、上司も驚くだろうな」という思枠の存在に気がつき、挑戦したくなる。

その数字に至らなくても上司が「面白い工夫だね！」と驚けば、誇らしくなり、次はもっと工夫して驚かせてやろう、と熱意が湧くだろう。工夫をうながせば、必ず上達し、数字も上がっていく。このあたりは、前著に詳しく書いたので繰り返さない。

本書で強調しておきたいのは、**上司がどんな思枠を抱くかで、部下のやる気を引き出しもすれば、やる気をそぐことにもつながる**ということだ。自分の抱く「思枠」をうまくデザインすると、自然と出てくる言葉も変化し、相手の行動も変化する。トムが「ペンキ塗りが楽しくてならない人間」になりきる「思枠」を抱いたように、自分もどんな思枠を抱けばよさそうか、考えてみると面白い。

「裏のメッセージ」のデザイン

無理をしないこと、余裕を確保することの重要性はすでに指摘したが、頑張っている人にそのことをどうやって伝えればよいか、実は重要な課題だ。ああしたほうがいいよ、こうしたほうがいいよ、というアドバイスが逆効果になることがある。それは、言葉の表向きの意味とは逆の「裏のメッセージ」が伝わってしまうからだ。ここでは、そのことを考えてみたい。

私の嫁さんは子どももあしらいがうまく、いつも舌を巻く。ただ一時期、疲労困憊して余裕を失っていたことがあった。私は家事の手を抜けばいい、と言ったけれど、嫁さんはそう言えば言うほど頑張り、余裕を失ってしまった。

私は2、3日考え込み、次のように声をかけてみた。「君はこれ以上頑張れないほど頑張っているよ。僕ならとても無理だ。ほんとうによくやってくれている。ありがとう」

するとそ翌日から嫁さんに笑顔が戻り、「笑顔で育児する余裕を確保したいから、家事の手を抜いていい？」と嫁さんから申し出があった。私はもちろん！　と答えた。

そのあと、嫁さんが次のように説明してくれた。「昨日、これ以上頑張れないほど頑張ってる、って言ってくれたでしょ。あれでようやく、余裕をすべて使い切るほど頑張っている、と思えたの。それまでは、家事も育児も完璧にこなそうとして、それができない自分を責めていた。でも、これ以上頑張りようがないのなら、力こぶの入れ所を工夫する必要がある、と思い直せるようになった」。

私が最初に発した「家事の手を抜けばいい」という発言は、「裏のメッセージ」として「家事はもっと完璧なほうがいいけどね」という「思枠」を感じさせてしまっていた。その「思枠」が嫁さんを追い詰めていた。

次の「もうこれ以上頑張れないくらいに頑張っている」という声かけは、「余裕を使い切るまで頑張っているのにうまくいかないのなら、『もっと頑張る』じゃなく、頑張る方向性を変えなければ」という「思枠」があることに気づかせ、それで嫁さんは「アクセル踏みっぱなしではなく、工夫をしよう」と考える余裕を確保することができたようだ。

言葉には**裏のメッセージ**が貼りつく。「頑張れよ」という言葉の裏には、「お前はまだ頑張れるはずなのに頑張ってない、つまりサボっているんだ」という「裏のメッセージ」が貼りつき、その思枠に気がつくので、やる気を奪ってしまう。

これとは逆に、「無理をしないで」と声をかける場合は、「あなたはもう余力を使い果たすほど頑張っている」という「裏のメッセージ」が伝わり、自分の頑張りは周囲も認めている、だったら頑張る方向性を変えてみよう、ということに思い至りやすくなるし、意欲も損なわれない。

言葉を発するときは、その言葉にどんな「裏のメッセージ」が貼りつくかに留意し、「裏のメッセージ」をうまくデザインすることで、相手にどんな「思枠」が伝わるのかを考えることが大切だ。

上司が部下に「今月はすごい成績だったね。来月も期待しているよ」と声をかけたとしよう。上司はほめたつもり。けれど部下は「え？ 今月はたまたま大口の顧客が現れたけど、こんな偶然、めったにないこと。実力だと思われたら困るな。でも同じくらいの成績でないと失望されるんだろうな。ああ、なんだか気が重くなってきたな」となるかもしれない。これは、上司の言葉の裏にある「毎月同じくらいの成績を上げてほしい」という願望（思枠）の存在に気づかせてしまうからだ。

それよりは、次のように声をかけるとよいかもしれない。「今月は特別よかったけど、何か工夫したの？」すると、偶然の幸運も手伝って好成績だったと返事があるだろう。「なるほど、それなら、来月も同じというわけにいかないよね。ただ、偶然を偶然として終わらせたらもったいないよ。なぜ大口顧客が興味をもってくれたのかよく分析し、次につながる工夫を考えてごらん。そうすれば、偶然が偶然でなくなっていくかもしれないよ」と話せば、工夫することが楽しくなるだろう。数字だけを追うのではなく、工夫することで部下が成長することを楽しんでいるという上司の思枠に気がつくからだ。

上司がどんな思枠をデザインするか、「裏のメッセージ」の工夫次第で部下の反応も違ってくる。部下の意欲と工夫をうながす「思枠」を考えてみよう。

楽しい「思枠」の提示

【お風呂か、それとも……?】

なかなかお風呂に入ろうとしない子どもたち。そんなとき、私がよく使う手。

「君たちに3つ選択肢を与えよう。一緒に入るのはどれか選びなさい。1、お父さん。2、父親。3、おとん。さあ、好きなのを選べ」

「おかあさん!」と声をそろえる子どもたち。

「そんな選択肢はない! 3つから選べ!」

「おかーさーん!」キャアキャアいいながらお風呂に走り去る。

ひとりぽつんととり残される私。

「お風呂に入ろう」「お風呂に早く入らないと寝る時間なくなるよ」いろんなふうに

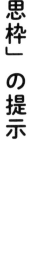

言っても、子どもたちは馬耳東風。いま熱中している遊びをやめようとは思わない。「遊びか、遊び以外か」という二者択一を迫られているような気がして、子どもたちは当然、遊びを優先してしまう。

私の声かけは、「お父さんとだけはお風呂に入らない」という「思枠」の存在に気づかせ、さらに「お母さんとお風呂に入ればお父さんは悔しがる」という楽しみがあることに気づかせる。すると、目の前の遊びより「お父さんをいかに悔しがらせるか」というゲームのほうが楽しくなる。その結果、お風呂に慌てて入るという次第。

人間は、どうせならより楽しい方向に進みたい。ただお風呂に入るだけでは味気ない。「お父さんを悔しがらせる」という味つけがあると、お風呂に入るのも面白くなる。

ある学生が、「土から目的の性質の微生物を見つけてくる」という卒論テーマを言い渡された。無数に生息する土壌微生物から目的の微生物を探すのは、気の遠くなるような作業。とにかく数をこなすことが大切になる。

その学生は次のように先生に頼んだ。「微生物を100個調べたら、アイスを1本おごってくれませんか?」先生は笑って承知した。

微生物を100個調べるのも一仕事。けれどその学生はまた1本、また1本とアイスをせしめた。そして食後にアイスバーの木片を窓際に積み上げた。その木片が10本、20本と増えていくと、なんだか達成感。結局その学生は、かなりの数の微生物を調べ上げ、目的の微生物を複数拾い上げた。

ただ仕事をしなさい、というだけでは味気ない。ほんの少し楽しいテイストを加えると、単純作業も楽しくなる。「山と積みあがったアイスバーを見たら、みんな驚くだろうな」という思枠は、学生にとってもウキウキするものだったろう。

何かに前向きに進むには、楽しい「思枠」が大切だ。

押すでも引くでも対決姿勢でもなく横並びへ

海水浴に行ったものの、押し寄せる波に立ちつくす子ども。「恐くないよ、一緒に行こう」とおじいちゃんやおばあちゃんが手を引くけど、そうするほど腰が引け、ついに逃げ出してしまった。

ああ、私も同じだったな、と思い出しながら、私が子どもの頃にやってほしかった接し方を試した。子どもの真横に立ち、一緒に海を眺める。ただそれだけ。子どもが数センチ前ににじり出た。私も同じだけ進んで真横に。ジリジリと前に進み、波が足を洗った瞬間、子どもはまた後ろに下がった。そしたら私も下がって真横に。すると、私のことを「自分が勇気を奮《ふる》った目安」にし始めたのか、少しずつ前に進むように。やがて胸まで海に沈め、私が「おお、やるなあ」と声をかけると誇らしそうな

顔。後は海で楽しく遊んだ。
目の見えない人は、手をひっぱられると強い不安を覚えるという。同伴者がひじを出し、その腕の輪につかませてもらうと安心して歩けるそうだ。

不安のあるときほど、自分のペースで進めたくなる。特にはじめてのことには不安がつきまとう。だから、自分にできることを瀬踏みしながら少しずつ挑戦したい。
しかし手をひっぱられたり背中を押されたりすると、自分のペースで進められない不安でパニックになり、恐怖を感じる。すると嫌悪感が出て、苦手意識が根づいてしまう。「なんだ、意気地なしだな」と烙印《らくいん》を押されたりしたら、「もう手を出すもんか」と心に決めてしまう。

これは大人にもずっと存在する心理だ。大丈夫だ、挑戦してみろと背中を押されると、断崖絶壁に突き落とされそうな不安を感じ、逃げ出したくなる。部下にとってははじめての挑戦だから、不安を少しずつほぐしながら自分のペースで進みたいのに、

「ほら！　ほら！」とせかされると、不安が恐怖に変わり、嫌悪感に至って、「私には無理です」という苦手意識として固定化する。

もし部下が不安をもっている様子なら、「真横に並ぶ」思枠を心に抱いてみよう。部下が進めば進み、引くなら一緒に引く。前に進んでも後ろに下がっても横にいる。すると、「自分のペースで取り組んでいいんだ」という「思枠」を部下が抱けるようになる。するとそれだけで相当に不安が和らぎ、挑戦意欲が湧いてくる。

人にはもともと「できない」を「できる」に変えたいという欲求があるからだ。背中を押すでもなく、引っ張るのでもなく、横に並ぶ。そんな思枠を採用すると、自然に部下の挑戦意欲を取り戻すことができる。

部下が何か失敗をやらかしたとき、「お前、この問題をどう落とし前つけるつもりだ！」と、正面から向かい合う対決姿勢をとると、部下の心は萎縮する。これに対し、「やってしまったことは仕方ない。一緒にお客様に謝ろう。その上で、いまから何ができるか、一緒に考えよう」と、「横に並ぶ」思枠を胸に抱いて接すると、部下は安心し、前向きな姿勢を取り戻せる。

「恋人は向かい合う関係、夫婦は横に並んで同じ方向を向く関係」という言葉に出会ったとき、ひざを打つ思いだった。夫婦は、家族に襲い来る諸問題を一緒に解決する関係だ。上司と部下も、同じ職場なのだから、横並びの姿勢でよい。

部下に話をする気構えとして「横並び」を意識するか、「対決姿勢」で臨むか、部下は敏感に感じ取る。前者なら一緒に解決しようとしてくれていると感じ、後者なら責められていると感じやすい。

対決姿勢か、横並びか。どちらの思枠を抱くかで、相手の反応は大きく変わる。

短所は長所の裏返し

小学生の頃、協調性のない私をなんとかクラスメートになじませようと担任は頑張った。しかし手を焼き、ついに私を罵るようになってしまった。

その様子を感じ取った父が、はじめて面談に行くことにした。先生から私の問題行動の事例を次々に聞かされた父。静かに全部聞き終えた後、次のように言ったという。

「先生、それは息子の長所です。息子の長所を潰《つぶ》さないでください」

私の行動を問題だと指摘したつもりの担任は、とっさに何を言われたのか分からなかった様子。父は次のように続けたという。

「世の中には燈台守《とうだいもり》やダムの保守点検、ビルの警備など、夜中にたったひとりでこなす仕事があります。そうした孤独に強い人が一定数いることで、世の中は回ってい

ます。もし全員に協調性を求めたら、そうした仕事をしてくれる人がいなくなってしまいます。息子は孤独に強い。それは息子の長所です。だからその長所を潰さないでください」

問題行動だとばかり考えていたのに、それが長所だと聞いて先生は驚き、ほかの生徒についても父に聞いてみた。すると、どの問題行動もその子の長所だという話になり、次から次へと別の生徒について相談するものだから、面談が1時間以上に。父は廊下で並ぶ親御さんたちが気になって仕方なかったという。

翌日から、先生の私に対する姿勢が変わった。私を注意深く観察し、とても自然に声をかけてくれるようになった。すると、協調性のないはずの私がクラスになじめるようになった。

後日、マラソン大会で母をみかけた先生が駆け寄り、「お父さんは心が二つも三つもある人ですね！」と感謝の気持ちを述べたという。

先生は、「協調性がなければ世の中渡っていけない」という思枠をもち、その思枠から外れた私を問題だと考えた。父は私の問題行動を否定せず、「協調性がない人もこの世は必要とする」という別の思枠を提示した。先生はその思枠のほうが多様な子どもをうまく指導できるかもと感じたのだろう、父の話を素直に受けとめ、私への接し方を改めてくれた。私にとって転機となった出来事だ。

九州のとある温泉地は大変な田舎で、娯楽施設が何もなかった。温泉地といえば射撃場や飲み屋街など、アミューズメントがたくさんあるのが普通。人を呼ぶにはそうした施設を作らなければならないと考えていたところに、若い人たちが遠路はるばるやってきた。「ここ、何にもないでしょう」と申し訳なさそうに言うと、「いやあ、何にもなくていいですね！」と答えた。聞くと、温泉地に決まったようにある射撃場や飲み屋街が嫌で、何もない、落ち着ける温泉を探していたのだという。

そこでこの温泉地は、「何もない」を価値にしようと考えた。ゴチャゴチャした娯楽施設を禁じ、ただひたすらのんびりと、湯に浸かるのを楽しむ。何もないから得られる安らぎを提供することに努め、いまでは人気の温泉地になっている。

同じように、島根県の海士町《あまちょう》は、「ないものはない」というキャッチコピーで話題となった。都会にあるものがここにはない。「ない」ことが魅力になるということを再認識させるコピーだった。

短所は、裏返せばほかにない特徴だ。トンカチはノコギリと違って、木を切ることができない。しかしクギを打つことについてはずば抜けている。「切る」という価値観では欠点だが、別の価値観から見れば長所となる特徴だ。

どの思枠を採用するかで、特徴は短所にも長所にもなる。短所を矯正しようとして「角を矯《た》めて牛を殺す」ことわざ通りになるのは残念だ。その特徴を長所として生かす思枠を考えてみよう。そちらのほうが問題解決に結びつくこともよくあることだ。

遠大な思枠の実践

会社の中でどう動くか、家族の中でどう処するかという「身近な思枠」は、私たちの日常を楽しくするためにとても重要だ。

他方、会社も家族も包み込む、非常に巨大だが確実に私たちをどこかへ連れて行く「遠大な思枠」も存在する。遠大な思枠は、企業の行く末を大きく左右する。その中で企業がどう振舞うかで、業績も違ってくる。そんな「遠大な思枠」との向き合い方を考えてみよう。

上級国民？

２０００年代に入り、「勝ち組、負け組」という言葉が出だした頃、次のような話を直接聞かされることが増え、驚いた。

「社会はしょせん弱肉強食。変化に適応できなかった人間は貧しくても自業自得。能力があり、成功した人間が豊かに暮らすのは当然の権利」。

90年代にそんな発言をしたら周囲から大バッシングを受けただろう発言を、飲み会の気の許せる席とはいえ、立て続けに聞かされて、私はう～ん、とうなってしまった。

その考え方の根拠も聞いてみた。資源はやがて枯渇するし、地球環境も壊れる。資源消費を減らし、地球環境を守るには、大半の人には死んでもらい、少数の成功者だけが生き残る社会にならざるを得ないだろう、と。

私は内心、うわあ、とのけぞってしまった。そしてどうやら、こうした考え方が日本だけでなく、アメリカなどの成功者たちの中でも信じられ始めていると感じる言説が増えていたので、考え込んでしまった。

しかしこの「思枠」はうまくいかない、と私は考える。人は簡単には死なないからだ。生き残るためなら、金持ちが政府を動かして軍隊を動員したとしても、抑え切れない。人間はなんとしてでも生き残ろうとする。腹をすかして泣く子どもがいれば、男性より女性のほうが懸命になる。

また、意外と人間は、そんなに残虐になれるものではない。たくさんの人が死ぬのを黙って見過ごすことは、耐え難い。成功者たちが頭の中で考えるほど、平気でいられるとは思えない。

ただ、これまでのような大量生産・大量消費と、地球環境の破壊を続けてよいとも思えない。何か方策を考えなければならないのは確かだろう。

いくつか希望はあるように思う。先進国の様子をみると、生活が豊かになれば少子化になり、人口が増えなくなるようだ。さまざまな娯楽が増え、女性が経済的に自立できると、人口増加に歯止めがかかるという法則が成り立つようだ。

ジャーナリストのジョン・イビットソンと政治学者ダレル・ブリッカーが発刊した『Empty Planet（無人の惑星）』によると、多くの予想に反し、世界人口は減少に転ずるかもしれない、と説く。女子教育の進展が予想よりも早い人口減少をもたらす可能性がある、という。その指摘は、案外妥当性があるように思われる。

極端な貧困が続いていたアフリカが、先進国ほどではないにしろ次第に安定し、経済成長するケースが出てきた。もし先進国の前例が成り立つなら、アフリカでも人口増加に歯止めがかかる可能性がある。

ならば、「少数の成功者が資源を独り占め」という「思枠」よりは、「資源をなるべく公平に分配し、そこそこの豊かさを享受する」ほうが人口増加を食い止め、早期に省資源の社会になる可能性もあるのではないか。

また、すでに述べたように「カッコイイ」をデザインすると、人間は物欲が小さくなる可能性がある。ミンクのコートや燃費の悪い高速のスーパーカーより、渋いアンティークを大切に使ったり、自動車などもシェアしたりする生活のほうがかっこよく見えるようにできるかもしれない。

スマホなどIT技術の登場は、省資源なエンターテイメントを提供できる可能性がある。だとすれば、人類が十分に楽しみながら資源消費を減らし、人類の活動規模を縮小するデザインも可能かもしれない。

「楽しくて、カッコイイ」思枠をデザインできるかどうか。この思枠は、地球サイズ、人類サイズの超巨大サイズの思枠だ。もし企業が先導してそうした思枠を提案できたとしたら、世界経済をリードする企業に成長できるかもしれない。

楽しくカッコよく人類の規模を縮小させていく。そんな思枠のデザインを、各企業がこぞって提案するなら、面白い世の中になるんじゃないかと期待している。

人間は不自然なものが大好き

「世界一受けたい授業」（日本テレビ）というテレビ番組で、あるとき「人間は不自然なものが大好き」というフレーズが登場した。私は最初、強く反発した。有名なルソーだって「自然に帰れ」と言ったというじゃないか。自然は大切、人工的なものは味気ない、とテレビもよく言うじゃないか。なのに不自然なものが好きだなんて！

私はなんとかそのフレーズを否定しようと頑張ったが、何年たっても「事実だよなあ」と認めるしかなかった。人間は珍奇なもの、不自然なものが大好きな生き物のようだ。

「好奇心」という言葉がすでにその性向を言い表している。人間は不自然なもの、奇妙なものを目にすると、強い関心を示す。「流行」は好奇心をくすぐり、大量生産・大量消費の経済を可能にした、人工的な発明だといえるだろう。

しかしどうやら、人間の好奇心は自動車や豪邸といった物質化したものだけに向かうものでもないらしい。スマホゲームのように、バーチャルな世界でも十分好奇心を刺激できる。その結果、自動車をほしがる若者が減るといった現象まで起きるようになった。

ならば、欲望は必ずしも環境問題と真正面に衝突するとは限らない。バーチャルな世界で好奇心をうまく刺激する仕組みを作れば、省エネ省資源でそれなりに楽しい社会を形成できるのかもしれない。

ニュースによると、いまの日本の若者の憧れの職業のトップがユーチューバー（動画サイトＹｏｕＴｕｂｅで稼ぐ人たち）だという。これを憂慮する人もたくさんいるのだが、私は若い人の感性の鋭さに可能性を感じる。物欲を小さくしながら、好奇心も十分満たし、省資源で環境を破壊せずに済む経済社会は、もしかしたら作れるかもしれない。若い人は、もしかしたら無意識のうちにそうした「思枠」が必要なことを感じ取っているから、ユーチューバーを目指したいのかもしれない。

世界の人々を十分養えるようにし、しかも毎日を楽しみ、けれど物欲と環境破壊は徐々に小さくする。それを「カッコイイ」にデザインできるかどうかにかかっている。若い人が巧みにそうした思枠をデザインしてくれることを、願ってやまない。

お金という虚構を見直す

ベストセラーになったユヴァル・ノア・ハラリ氏の著作『サピエンス全史』が、人類最大の虚構（思枠）は「お金」だと指摘していることは、すでに述べた。

お金には、「虚構」ならではの不思議な性質がある。劣化しないことだ。1万円札は、ボロボロになっても1万円。バナナは1週間もすると真っ黒になり、商品価値をなくすのに、お金は（インフレやデフレで多少価値が変動することはあっても）劣化しない。これはお金が虚構だからこそ成立する、不思議な性質だ。

この性質を「おかしいやん」と考えた経済学者がいた。フレデリック・ソディ。ソディはもともと、放射性元素の研究でノーベル化学賞を受賞した物理学者。

ソディは物理学の常識に照らし合わせて、「モノやエネルギーは時間がたてば劣化するのに、お金だけ劣化しないのはおかしい」と考えた。「お金は劣化しない」という思枠のままだと、経済システムは「資源は無限に取れるし、地球環境は壊れない」ことを前提して動いてしまう。それではいつか破綻するだろう、とソディは予見したわけだ。

もうひとり、シルビオ・ゲゼルという経済学者を紹介しておこう。この人物はなんと、「腐るお金」を提唱した。万物は腐ったり壊れたりして劣化するのに、お金だけ劣化しないのはおかしい、と考え、お金も劣化するようデザインしては？　と提案した。

このアイデアを採用して大成功した事例がある。「ヴェルグルの奇跡」と呼ばれている。オーストリアの小さな町、ヴェルグルは、世界大恐慌のために大変な不況に苦しんだ。当時の町長は「腐るお金」を試そうと、毎月はじめに1％の有料スタンプを押さないと価値を失うスタンプ紙幣を発行した。

そんなお金をいつまでも手元に置いていたら、お金としての価値を失うかもしれない。かといって、月はじめに1%のスタンプ料金を支払うのはシャク。だからみんなそのお金をさっさと使い、手放そうとした。すると驚くべきスピードでスタンプ紙幣が流通し、売買が盛んになって、ヴェルグルの経済が活性化した。これが「ヴェルグルの奇跡」と呼ばれる出来事だ。

本書で何度も登場している経済学者のケインズは、ゲゼルについて自身の著作の中で次のように予言している。

「将来の人々はマルクスの精神よりもゲゼルの精神からより多くのものを学ぶであろうと私は信ずる」

お金が劣化することなく、それどころか増殖する(信用創造とか)性質をもつために、ついつい大量消費をうながしてしまう仕組みが、現在の経済システムには働く。お金が劣化しないために資源の浪費が止まらず、地球環境の破壊が止まらないという面がある。

ならば今後は、お金も「腐る」ようにデザインし、ヴェルグルの奇跡で起きたように経済を活性化させつつ、お金の総量を少しずつ減らし、物質消費を少しずつ減らしていく、という「思枠」のデザインもアリなのかもしれない。

お金は、人類全体を突き動かす最大の「思枠」でもある。その思枠をいかにうまくデザインするか。これが、人類という種族を地球上で持続可能にできるかの試金石になるのかもしれない。

なお、シルビオ・ゲゼルについては、『エンデの遺言』（ＮＨＫ出版）が分かりやすいので、お勧めしておく。

おわりに

「岡目八目《おかめはちもく》」という言葉がある。碁を打っている当事者よりも、横でその様子を眺めている人間のほうが先の先まで手を読める、という現象を表している言葉だ。

私のような不器用者は結構、そういうタイプが多い。他人の苦労は「ああすればよかったのに」と偉そうなことを言えるが、いざ自分が当事者になると頭が真っ白になり、どうしたらいいか分からなくなる。近頃は「問題を自分ごととして捉えろ」とか「当事者意識を持て」とか言うが、不器用者がそれをすると、冷静な判断ができなくなるから不思議なものだ。

私が「八方ふさがりだ」と頭を抱えているとき、嫁さんが「こうしたらいいじゃん」とあっさり言う言葉に何度驚かされたことか。え？　なんでそんな突拍子もないこと思いつくの？　しかし嫁さんのアドバイスは、実践が容易でしかも確実に状況を打破することができた。舌を巻くことがたびたび。

嫁さんは「置かれた立場から離れる」ことが非常に上手。当事者としての意識に囚われるとどうしようもないように思われるけれど、当事者であることをいったん忘れて、赤の他人として眺めてみるとどうなるか、考えてみるらしい。私もそれをマネするようになって、ずいぶん楽になることが増えた。

そういう意味では、本書は嫁さんとの出会いがなければ書けたかどうか分からない（私の書いた本はそんなのばかり）。自分の「思枠」の中に閉じこもって出ようとしなかった私を、楽しそうに笑いながら救い上げてくれた嫁さんとの出会いに感謝したい。

本書のキーワードを3つ挙げるとすれば、**思枠**、**意識と無意識**、**視線**になるだろう。本書で何度も述べたように、私は大変な不器用者だった。意識が体と心を支配し、上手に操作しようとすればするほど、体も思考もぎこちなくなった。

他方、二人の弟はスポーツがよくできた。特に末の弟は、野球でも剣道でもサッカーでもたちどころに巧くなる。友達も多く、初対面の人でもスッと仲良くなる。いったいどうしているのか聞いてみると、「意識しないようにしている」という。意識すると体も心も強張《こわば》るから、無意識を信頼し、ひたすら試行錯誤を重ねて無意識にデータを提供し、あとは無意識がよろしくやってくれるのを待つ、ということらしい。

私は不器用者だったし、いまもおそらくあまり変わらないが、人に恵まれた。なぜこの人はそんなとっさの行動が取れるのか？　なぜこの状況でそんなことが思いつくのか？　そうした参考事例にたくさん出会うことができた。そのおかげで、私のような不器用な人は意識が強すぎて無意識を信頼できず、そのために心も体も強張るということを言語化できた。特定の「思枠」に囚われたときは、視線を動かすようにしたら思枠をずらしやすい、ということも言語化できるようになった。これは、人の縁がもたらしたものだと言えるだろう。

不器用であることに苦しんでいる人は数多い。私はちょっと気が強いところがあるから「頑固者」になるが、気の弱い人の場合は、いつも「すみませんすみません」と謝り、そのつどヘコむところに落ち込みやすい。本書が、そうした人たちの心を少しでも解きほぐし、無意識を信頼し、心と体を少しずつしなやかに動かせるようになることに役立てば、大変うれしい。

また、本書を書くに至って、「思枠」は不器用者だけを支配するだけでなく、器用者も含めた全人類的な支配力をもっているのだな、ということに改めて気づかされた。そしてその「思枠のデザイン」次第では、人間は早期に破滅するかもしれないし、持続可能な生き方を選択できるのかもしれない。どんな思枠が適切なのかは、私の能力を超えることだが、本書を読んだ方が「思枠はデザインできるんだ」と気がつき、全人類的に楽しく、それでいて地球にも負荷をかけない生き方は可能なのか、考え始めてくれることを期待したい。

本書は、嫁さん、義父さん義母さんが、休日に子どもたちの世話をし、遊んでくれていたから書き上げられた。そのサポートなしには本書は有り得なかった。深く感謝の意を示したい。

毎朝朝食を作ってくれた私の母、常に私に刺激を与え続けてくれた二人の弟にも感謝したい。また、生前、誰もが思いもつかないような解決策を提示して度肝を抜いていた亡父の存在が、本書でも大きいことを指摘しておかなければならない。

私は何かと圭角が多く、職場の人にはいつもご迷惑をおかけしている。そんな私を温かく見守り、応援してくれるからこそ、本書も書き上げることができた。私は本当に人に恵まれているとしか言いようがない。この場を借りて感謝申し上げたい。

人は、自分の抱いた思枠の中で苦しんだり、逆に楽しんだりすることができる。そのことを教えてくれた、友人知人にもお礼を申し上げたい。

本書を読んだ人が、自分の抱いている「思枠」を見つめ直し、随時適切なものに置き換えていくことで、自分自身も楽しく生きていくことができ、それを通じて、人類全体が地球とも無理なくつきあえる壮大な思枠へとシフトしていけることを、願っている。未来の子どもたちに、幸あれ。

2020年2月　篠原　信

篠原　信（しのはら　まこと）
1971年生まれ、大阪府出身。農学博士（京都大学）。農業研究者。中学校時代に偏差値52からスタートし、四苦八苦の末、三度目の正直で京都大学に合格。大学入学と同時に塾を主宰。不登校児、学習障害児、非行少年などを積極的に引き受け、およそ100人の子どもたちに向き合う。本職は研究者で、水耕栽培（養液栽培）では不可能とされていた有機質肥料の使用を可能にする栽培技術や、土壌を人工的に創出する技術を開発。世界でも例を見ない技術であることから「2012年度農林水産研究成果10大トピックス」を受賞。著書に『自分の頭で考えて動く部下の育て方　上司1年生の教科書』（文響社）、『子どもの地頭とやる気が育つおもしろい方法』（朝日新聞出版）、『ひらめかない人のためのイノベーションの技法』（実務教育出版）があるほか、「JBpress」「東洋経済オンライン」「現代ビジネス」などに記事を発表している。

思考《しこう》の枠《わく》を超《こ》える

2020年３月20日　初版発行

著　者　篠原　信
発行者　杉本淳一

発行所　株式会社日本実業出版社　東京都新宿区市谷本村町３−29　〒162-0845
大阪市北区西天満６−８−１　〒530-0047
編集部　☎03-3268-5651
営業部　☎03-3268-5161　振　替　00170-1-25349
https://www.njg.co.jp/

印　刷／堀内印刷　　製　本／共　栄　社

この本の内容についてのお問合せは、書面かFAX（03-3268-0832）にてお願い致します。
落丁・乱丁本は、送料小社負担にて、お取り替え致します。

ISBN 978-4-534-05771-6　Printed in JAPAN